中国税收与法律智库·财税实战与案

智库总主编：蔡 昌

资本运营
涉税处理与案例解析

THE TAX TREATMENT AND CASE
ANALYSIS OF CAPITAL OPERATION

蔡 昌 ◎编著

中国法制出版社
CHINA LEGAL PUBLISHING HOUSE

中国税收与法律智库·财税实战与案例系列

编委会

编委会主任：蔡　昌　施政文
编委会成员：施政文　邓远军　宫　滨　黄洁瑾
　　　　　　戴　琼　倪臻荣　庄粉荣　李梦娟
　　　　　　刘定杰　周金华　蔡承宇　牛鲁鹏

总　序

智库缘起

税收事关企业的命脉、百姓的福祉和国家的未来。当今，在十八届四中全会的指引下，税收已进入法治的快轨道。税收也开始走到依法治税的前沿地带，这是中国税收真正走向民主和法制的前提。在习近平主席倡导的国家治理体系及治理能力现代化背景下，税收也更多地走向国家税收治理，在保障国家税收收入和保护纳税人合法权益的双重目标下，建立税收诚信机制，不断降低税制运行成本，形成一个促进税收治理的有效环境，以推进税收治理现代化目标的实现。

税收与法律的融合是时代发展的必然。征税主体必须依据法律的规定征税，纳税主体必须依法律的规定纳税，这就是所谓的税收法定原则。税收法定原则肇始于英国，现已为当今各国所公认，其基本精神在各国宪法或税法中都有体现。为了更好地增进税收与法律的融合发展，不断推进税收与法律在中国的发展，为经济发展和社会进步提供智库资源，我们荟萃中国财税领域的知名学者、财税专家和社会精英组成智库编委会，组织编撰出版了这套大型系列丛书——《中国税收与法律智库》，定位于为我国的经济发展和税收事业提供专业知识与智力支持。

智库特色

《中国税收与法律智库》以中央财经大学税务学院和税收筹划与法律研究

中心为依托，邀请国内知名权威人士、专家学者和实务界精英撰写系列反映社会经济发展且具有指导意义的的财税著作。我们根据著作的内容和定位不同，将智库分为学术研究系列、财税实战与案例系列、研究报告系列等三大系列，每一系列有针对性的读者群，力求形成一个立体网状的财税类专业智库。本套智库具有以下特色：

其一，源于理论探索与实践应用，推崇原创性。本智库面向广大财税部门、理论研究者、财税实务工作者及相关群体，以原创性为主要特征，力求提供理论前沿、新知与经验，强调创新与继承发展的辩证统一。

其二，内容简明清新，以简驭繁，推崇简约化。我们并不强调每本书的知识容量和庞杂性，并不要求面面俱到，而是细分品种、类别、专题，真正做到内容简明扼要，体现出厚积薄发的知识含量。

其三，学科领域的交叉、碰撞，推崇融合性。科学的发展以交叉融合为特征，社会科学也不例外，财税领域更是如此。财税理论与实践融合管理学、会计学、经济学、法学等多个学科的前沿发展，为经济发展服务和社会实践服务。

致谢

这套智库丛书欢迎社会各界加盟，参与智库推广，撰写相关著作，提供宝贵建议。读者有任何方面需求，敬请与我们联系：taxplanning_CUFE@163.com。

在这里，也祝愿大家开卷有益，关注财税，获取新知，融入财税大潮！

《中国税收与法律智库》编委会
中央财经大学税收筹划与法律研究中心

PREFACE 前言

追求利润是资本的天职，资本运营堪称是一种大手笔的运作模式，它以价值化的资本为工具，主要通过资本扩张、资本收缩、资本分配等运作模式（具体分为兼并重组、股权收购、资产剥离、企业分立、租赁托管等运作方式）来提高资本的运营效率，追求高效的价值增长。

资本运营被称为企业超常规发展的神奇之路，原因在于投资见效快，易于进入新领域，并能有效规避行业风险和生产经营风险。国际领域的资本运营活动从全球战略出发，以国际市场为舞台，在全球范围内优化配置资源，有力地推动了产业制度、市场结构的调整和技术进步，改变了世界经济格局，成为推动世界经济发展、促进人类社会进步的一种重要力量。

资本运营是一把双刃剑：从宏观角度观察，资本运营虽然可以在更为广泛的范围内合理配置经济资源，提高资源利用效率，实现规模经济效应。但规模经济也为垄断的产生提供了土壤。垄断破坏了自由竞争的秩序，阻碍了市场价格机制的有效发挥，抑制了资源的合理配置，同时又阻碍了经济的繁荣和持续发展，这就是著名的"马歇尔冲突"。从微观层面分析，资本运营虽然可以通过多家企业资源的互补性、关联性和协同效应实现收益的最大化，但资本运营风险的存在又使企业的未来收益具有极大的不确定性，这种风险和不确定性源自于信息的不对称性、垄断的存在以及市场的外部性等因素。

本书研究资本运营的财税处理及典型案例，系统解读资本运营的概念、本质与运作模式，深入解析资本扩张、资本收缩、资本分配的财税处理模式，探索资本运营的税收筹划空间。本书由蔡昌主持编写,中央财经大学税务专业研究生黄雯睿、田依灵、姬莹钰、李文奎、车蕾等参加了初稿写作和修改工作。本书不仅为企业的资本运营实践提供理论根基和案例借鉴,也可以作为高等财经院校师生研究资本运营的参考读物。

资本运营是一个复杂的系统工程,从财税角度观察和剖析其运作规律,仅为管中窥豹,只见一斑。我们对资本运营的认识还远远不够,希望我们的努力带给大家一些启发和帮助,也期望更多的人加入研究、探索资本运营的行列。

是为序。

蔡 昌

CONTENTS 目录

01 第一章 资本运营

第一节 资本运营概述 // 001

　　一、资本运营的含义及内容 // 001

　　二、资本运营的主体和环境 // 002

第二节 资本运营的特点、原则与意义 // 003

　　一、资本运营的特点 // 003

　　二、资本运营的原则 // 004

　　三、资本运营的社会意义与经济价值 // 005

第三节 资本运营的分类 // 005

　　一、按资本运营的内容分类 // 005

　　二、按企业规模变化分类 // 006

　　三、按资本运动过程分类 // 007

第四节 资本运营模式分析 // 008

　　一、企业并购 // 008

　　二、买壳上市 // 023

　　三、股权—资产置换 // 026

　　四、资本收缩与分拆上市 // 029

02 第二章
资本扩张

第一节　股权收购 // 033
　　一、股权收购概述 // 033
　　二、股权收购的会计处理 // 034
　　三、股权收购的税务处理 // 038
　　四、股权收购的税收筹划及案例分析 // 047

第二节　资产收购 // 052
　　一、资产收购概述 // 052
　　二、资产收购的会计处理 // 054
　　三、资产收购的税务处理 // 055
　　四、资产收购的税收筹划及案例分析 // 061
　　五、资产收购的综合案例 // 064

第三节　企业合并 // 068
　　一、企业合并概述 // 068
　　二、企业合并的会计处理 // 069
　　三、企业合并的税务处理 // 070
　　四、企业合并的税收筹划及案例分析 // 083
　　五、企业合并的综合案例 // 089

第四节　战略联盟 // 092
　　一、战略联盟概述 // 092
　　二、战略联盟的税收筹划及案例分析 // 093

03 第三章
资本收缩

第一节　企业分立 // 100
　　一、企业分立概述 // 100

二、企业分立的会计处理 // 101

　　三、企业分立的税务处理 // 105

　　四、企业分立的税收筹划要点 // 115

第二节　债务重组 // 119

　　一、债务重组概述 // 119

　　二、债务重组的会计处理 // 120

　　三、债务重组的税务处理 // 122

　　四、债务重组的税收筹划及案例分析 // 124

第三节　企业清算 // 128

　　一、企业清算概述 // 128

　　二、企业清算的会计处理 // 131

　　三、企业清算的税收筹划及案例分析 // 140

第四节　企业减资 // 143

　　一、企业减资概述 // 143

　　二、企业减资的税务处理 // 144

　　三、企业减资涉及的主要税收问题 // 147

04 第四章
资本分配

第一节　资本分配概述 // 149

　　一、股息分配政策 // 149

　　二、资本公积转增股本 // 150

第二节　资本分配的会计处理 // 150

　　一、企业支付股息的会计处理 // 150

　　二、资本公积转增股本的会计处理 // 151

第三节　资本分配的税务处理 // 152

　　一、现金股息、红利收益 // 152

　　二、股票股息 // 152

三、限售股的税务处理 // 153

四、资本公积转增股本的税务处理 // 154

第四节 资本分配的税收筹划案例 // 155

一、固定股息政策下的税收筹划 // 155

二、股票股利框架下的税收筹划 // 156

第五节 资产划转 // 157

一、资产划转概述 // 157

二、资产划转的税务处理 // 158

三、资产划转的案例分析 // 158

05 第五章
资本运营典型案例

第一节 百合锦绣（中国）酒店产业股权调整方案及税负测算 // 160

第二节 伊人酒店分立流程与涉税操作 // 165

一、酒店分立流程 // 165

二、酒店分立的税务处理 // 169

附 录 // 173

参考文献 // 178

第一章 资本运营

第一节 资本运营概述

一、资本运营的含义及内容

资本是能够带来价值增值的一切事物，其表现形式可以是多种多样的，包括企业拥有的货币资金、房屋、建筑物、工厂、机器设备以及库存等资源；企业从事股票、债券等金融资产；企业从事技术开发形成的无形资产；企业的组织机构、协调、控制、管理战略等管理资源；企业通过各种方式雇佣的劳动力资源等。"资本运营"一词虽然产生于我国，但最早的收缩性资本运营实践活动却始于西方。1911 年，美国新泽西州标准石油公司（标准石油公司）因违反了反垄断法（谢尔曼法），法院判决该公司对子公司进行分立。这可能是最早的收缩性资本运营实践。

资本运营是通过对资本的使用价值的运营，在对资本做最有效使用的基础上，包括直接对资本的消费和利用资本的各种形态的变化，为实现资本盈利最大化而展开的活动。资本运营是市场经济条件下社会配置资源的一种重要方式，它通过资本层次上的资源流动来优化社会的资源配置结构。

企业资本运营的循环过程如图 1 所示。

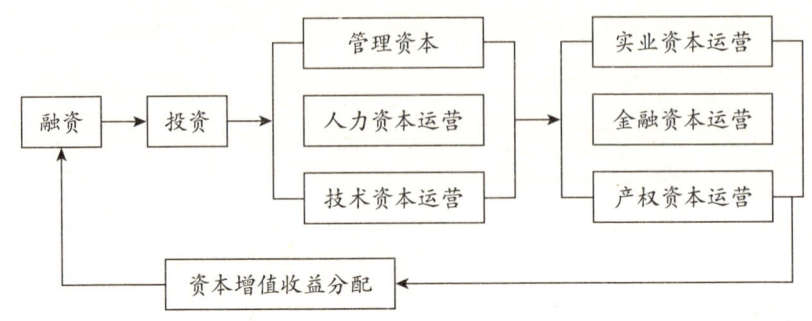

图1 资本运营的循环过程

二、资本运营的主体和环境

（一）资本运营的主体

资本运营的主体是企业，即以营利为目的，向市场提供产品和服务的经济组织。根据设立的条件、设立的程序、内部组织机构不同，企业可分为独资企业、合伙企业和公司制企业，其中公司制企业又可分为股份有限公司和有限责任公司。公司制企业制度是现代企业制度的高级形式，具有筹资便利、产权转让方便、组织结构严密等优点，是最为常见的资本运营的主体。

（二）资本运营的环境

1. 经济环境是资本运营的首要外部环境

从企业的发展历程来看，企业的资本运营战略是与一定的经济环境相适应的。在市场经济繁荣时期，企业的资本运营活动也更加频繁，交易规模不断扩张，交易形式也不断推陈出新，资本扩张活动多于资本收缩活动。在市场经济低迷时期，交易频率和交易规模会不断下降，资本收缩活动多于资本扩张活动。

2. 法律环境是影响资本运营的重要因素

资本运营一定要在法律规定的范围内进行。企业是以公司利益最大化而存在的经济组织，其目标的具体形式表现为利润最大化、股东财富最大化、企业价值最大化三种形式。企业的活动对其利益相关者以外的其他社会成员会产生有利或者不利的外部影响，有利的外部影响国家会制定相关的法律法规予以倡导，不利的外部影响会被法律制约，以保证整个社会有序、公平、公正的发展。

3. 企业自身的内部环境是影响资本运营的根本因素

企业的资本运营活动是为企业目标服务的，而实现企业目标的方式是科学合理地制定企业的发展战略并有效执行，因此企业资本运营战略的制定必须以企业整体的发展战略为指导，并结合企业自身的经营范围、财务状况和实际情况不断调整，从而实现企业价值最大化。

第二节 资本运营的特点、原则与意义

一、资本运营的特点

（一）增值性

资本运营的这一特点要求企业在经济活动中始终以资本保值增值为核心，关注资本的投入产出比，保证运营的效益。

（二）流动性

资本具有流动性和趋利性，所以从客观上决定了资本运营具有流动性。一方面，企业通过资本运营充分盘活闲置的、利用效率低下的资源，并使资本不断地从报酬率低的行业流入报酬率高的行业；另一方面，资本运营的流动性要求管理者尽量缩短资本流通过程，提高资本周转率，从而进一步达到资本增值的目的。

（三）开放性

全球经济一体化趋势要求资本运营充分利用一切有利的社会资源来提高企业价值，资本运营成为开放式经营的一种。它不仅需要通过内部的资源整合来优化资源配置从而营造良好的资本运营氛围，还需要打破地域、行业、部门甚至是产业的限制，通过兼并、收购等外在资源整合，来进行结构的调整和资源的优化配置，实现资本的扩张。

（四）创新性

不断变化的市场环境和独特的行业特征往往要求企业通过多种形式的组合来规避、减小资本运营过程中可能遇到的市场、财务等风险。同时，资本运营要求有新的观念和思维，突破传统运作方式的束缚，谋求新的扩张和发展。

（五）风险性

收益与风险总是相伴而生，资本运营总是面临着系统性风险和非系统性风险。系统性风险来源于整个经济市场本身，如投机活动带来的市场波动以及经济周期等，是不能够分散的，表现为企业必须承担的投资成本。非系统性风险多来源于行业本身所具有的特征或者企业自身的经营财务状况，是可以通过优化投资组合来避免的。

（六）周期性

经济系统本身就存在一定的周期性，分为繁荣、衰退、萧条和复苏四个阶段。企业自身存在着自己的发展周期，也有起步、扩张、收缩、衰败四个环节，企业自身的周期虽受经济系统本身起伏变化的影响，但更多的是与企业自身的经营管理有关。由于资本运营是企业经营管理的内容之一，故资本运营本身的周期变化与企业自身的生命周期较为一致，分为资本扩张、资本收缩、资本分配三个环节。

二、资本运营的原则

（一）资本流动增值原则

流动是资本的一种运动方式。资本流动使资本有一个新的增值契机，使企业适时地将资本投入社会最需要的环境中，在实现社会资源优化配置的同时也有助于实现企业价值最大化的目标。

（二）开放性原则

流动着的资本为实现增值的特性会打破地域、部门和产品的限制，面对整个世界市场、行业、部门，寻求增值机会。作为资本运营主体的企业必须尊重资本开放性的特征，综合运用兼并、收购、租赁等多种方式，灵活的扩张和收缩资本，打破地域和产品限制，实现企业价值最大化。

（三）与企业整体发展战略相适应原则

资本运营与产品劳务经营是企业存续发展的载体，企业战略是贯穿于企业一定历史时期的所有重大决策中的指导思想，关系着企业的长远利益和存亡兴衰，因此无论是资本运营活动还是产品劳务经营活动的开展，都必须以企业战略为指导，符合企业自身的经营财务状况。

三、资本运营的社会意义与经济价值

（一）资本运营的社会意义

社会生产的一般过程分为生产、分配、交换、消费四个环节，生产是起决定作用的环节，分配和交换是连接生产与消费的桥梁和纽带，对生产和消费有着重要的影响，消费是物质资料生产的总过程和最终的目的和动力，整个生产过程不断循环往复构成了社会不断发展的动力。资本、劳动力和技术构成了生产的三大要素，在生产要素总量一定、技术不变的前提下，要素的循环速度越快，流动性越强，在一定期间所创造的社会财富越多，社会福利越大。因此，随着资本运营方式的不断推陈出新，资本市场规模的不断扩大，资本流动性的增强，一定时期资本要素的总量不断增加，社会财富不断增大。科学的资本运营理论和有效的资本运营活动有助于社会总产量的增加和失业的减少，有助于构建和谐稳定的社会环境。

（二）资本运营对企业自身发展的经济价值

在传统的生产经营模式中，企业规模的扩大一般依靠企业自身资本的积累，速度缓慢且往往错失有利的发展机会。依托并购、重组等资本运营方式，企业可将内外部资源聚集起来，不仅有利于提高资本积累的速度，而且有利于利用被并购企业的市场优势，实现企业经营范围和规模的不断扩大。此外，科学合理的资本运营活动还有利于企业达到目标资本结构，降低企业的财务风险，提高企业信誉，增强企业的融资能力，树立企业良好的市场形象，不断增强企业活力。

第三节　资本运营的分类

一、按资本运营的内容分类

（一）实业资本运营

实业资本运营是指将资本直接用于购买生产经营活动所需要的厂房、机器设备等固定资本和原材料等流动资本，形成从事产品生产或者提供服务的经

济活动能力和运作过程。实业资本运营是企业资本运营范畴中最基本的运作方式，对整个资本运营起到支撑作用，是企业成长和发展的基础。实业资本运营的最终目的是运用资本投入所形成的实际生产经营能力，从事产品生产、销售或提供经营服务等具体的经济活动，以获取利润从而实现资本的保值增值。实体资本运营会形成企业的核心竞争力，它是企业发展壮大的根本所在。

（二）金融资本运营

金融资本运营是指企业以金融资本为对象而进行的一系列资本营运活动，主要以有价证券为表现方式，如股票、债券等，也可以是指企业所持有的可以用于交易的一些商品或其他种类的合约，如期货合约等，其特点是资金流动性较强，企业的变现能力较强。它一般不涉及企业的厂房、原料、设备等具体实物运作。

（三）产权资本运营

产权资本运营是指企业经营者依据企业的法人财产权经营企业的法人资产，以实现企业法人资产的保值增值目标，主要活动包括：通过资产交易使资产从实物形态变为货币形态以及从货币形态转变为实物形态，资产交易的结果使不同资产在总资产中的比例产生变化；企业进入资本市场发行企业债券；企业进入产权交易市场进行兼并、收购、参股、控股、租赁等。

（四）无形资本运营

无形资本运营是指企业对其所拥有的专利权、著作权、土地使用权、非专利技术、商誉等各种无形资产进行运筹和谋划，利用无形资本的价值实现企业的整体价值增值目的的运作方式。无形资本在资本运营活动中发挥着重要的作用，利用无形资本运营，发挥无形资本的经济杠杆作用是实现资本保值、增值、企业价值最大化的有效途径。

二、按企业规模变化分类

（一）扩张型资本运营

扩张型资本运营是指在现有的资本结构下，通过内部积累、追加投资、吸纳外部资源即兼并和收购等方式，实现企业经营规模和资产规模扩大的资本运营行为，其方式主要包括：并购企业、收购股份、合资或联营、公司合并等。企业实施扩张型资本运营的主要动因在于获取战略机会，产生协同效应，提高经营效率，从低估的目标企业中获益，降低交易成本，在联盟中实现共赢等。

（二）收缩型资本运营

收缩型资本运营是指企业通过剥离、分离、股权切离、创造定向股票、股份回购、自愿清算等方式使企业在一定时间内所掌握的经营资本规模绝对或相对减小，以达到资源优化配置、资本增值最大化或资本损失最小化的一种行之有效的经营模式。收缩型资本运营作为资本运营的一种类型，经营绩效差的企业可以使用，经营绩效好的企业也可以采用。二者都可以将某些经营不善的部门、业务或产品线转让出去，以优化企业内部的资源配置，调整企业经营结构和产品结构，强化核心业务，培育和提升企业核心竞争力。许多企业进行剥离以后，虽然其固定资产和流动资产规模有所减少，但资本总的规模没有变，而且其总体绩效还会提高。

（三）混合型资本运营

混合型资本运营是指企业把内部资源全部作为有价值的资本，通过资源重组、业务重组和流程重组以实现资源优化配置、提高经营绩效和企业价值的一种行为，如国有企业在经济转轨过程中进行的股份制改造、分拆上市、资产重组等。

三、按资本运动过程分类

（一）资本筹措

资本筹措是指公司通过各种渠道和采用不同方式及时、适量地筹集生产经营和投资必需资本的行为。资本筹措可以分为两大类，即内部资本筹措与外部资本筹措。内部资本筹措就是指动用公司积累的财力，具体来说就是把股份公司的公积金（留存收益）作为筹措资金的来源；外部资本筹措就是向公司外的经济主体（包括公司现有股东和公司职员及雇员）筹措资金，如股票和债券的发行等。资本筹措是资本运营活动的起点。

（二）资本扩张

目前我国企业资本扩张中采用的基本方式有兼并、收购、战略联盟等，主要类型分为横向型资本扩张、纵向型资本扩张及混合型资本扩张。横向型资本扩张是指交易双方属于同一产业或部门，产品相同或相似，为了实现规模经营而进行的产权交易。这种资本扩张不仅减少了竞争者的数量,增强了企业的市场支配能力,而且改善了行业的结构,解决了市场有限性与行业整体性生产能力不断扩大之间的矛盾。纵向型资本扩张是指处于生产经营不同阶段的企业或者不同行业部门之间或有直接投入产出关系的企业之间,通过对原料和销售渠道及对用户的控制来提高企业对市场的控制力的行为。

(三)资本收缩

为了使资源配置更加合理,更好地规避风险,使企业更具有竞争力,企业可以采取股份回购、资产剥离、公司分立、股权出售、企业清算等资本收缩经营方式来调整企业的经营战略。上市公司运用资本收缩可以纠正错误的并购、改善财务状况、剥离非相关业务、盘活资产、开辟新的融资渠道、消除负协同效应、作为反并购的武器等。

(四)资本分配

资本分配是多层次的,企业通过投资取得的收入,首先要用以弥补生产经营耗费、缴纳流转税,其余部分为企业的营业利润,营业利润与投资净收益、营业外收支净额等构成企业的利润总额。利润总额首先要按国家规定缴纳所得税,净利润要提取公积金和公益金,分别用于扩大积累、弥补亏损和改善职工集体福利设施,其余利润作为投资者的收益分配给投资者,或暂时留存企业,或作为投资者的追加投资。

资本分配是企业资本运动过程的终点,又是下一次资本运动的起点,起着两次资本运动之间的连接作用,是企业资本不断循环周转的重要条件。企业应当通过资本运用取得收入,实现资本的保值和增值。

第四节 资本运营模式分析

一、企业并购

(一)企业并购的概念

1. 兼并

兼并有吞并、吸收、合并之义,具体是指一家企业以现金、证券或其他形式购买取得其他企业的产权，使其他企业丧失法人资格或改变法人实体，并取得对这些企业决策控制权的经济行为。

兼并作为企业扩张的一种经济行为，主要有以下四种形式：

（1）承担债务式兼并

在资产和债务等价的情况下，兼并方以承担被兼并方债务为条件接收其资产。

（2）购买式兼并

兼并方出资购买被兼并企业的资产。

（3）吸收股份式兼并

被兼并企业的所有者将被兼并企业的所有净资产作为股金投资兼并方，作为兼并方企业的一个股东。

（4）控股式兼并

一个企业通过购买其他企业的股权，达到控股，实现兼并。其实，兼并是企业合并中的吸收合并，与吸收合并相对应的是新设合并（两个或两个以上企业通过合并同时消亡，在此基础上形成一个新公司，由其承担原各企业的全部资产和负债的合并形式）。

2. 收购

收购指企业用现金、债券或股票购买另一家企业的全部或部分资产或股权，以获得该企业的控制权。收购与兼并都以企业产权为交易对象，都是增强企业实力的外部扩张策略行为。但不同的是，在兼并中，被合并企业作为法人实体不复存在；而收购可以是部分产权转让，被收购企业仍可作为法人实体存在，其产权流动较兼并更为缓和。

3. 企业并购的含义

兼并与收购含义近似，经常放在一起简称为并购。

企业并购可以定义为一个企业通过产权交易，用合并方式吞并其他企业，或用购买其他企业产权的方式取得绝对控股地位而使其他企业成为其全资子公司或控股子公司，以谋求价值增长的一种经济行为。

企业并购是企业产权变动的基本形式，是实现企业扩张和发展的基本途径，并购的实质是一个企业取得另一个企业的财产、经营权或股份，并对另一个企业发生支配性的影响,即并购企业利用自身的各种有利条件,比如品牌、市场、资金、管理、文化等优势,让存量资产变成增量资产,使呆滞的资本流动起来,实现价值创造。

（二）企业并购的分类

1. 以企业并购所采取的形式划分,可分为协议收购和要约收购

（1）协议收购

协议收购指不构成公开收购要约的并购活动。并购企业通过私下协商的形式,与目标公司股东达成收购股权协议,以达到控制该公司的目的。这种收购多发生在目标公司的股权较集中的情况下,尤其是目标公司存在控股股东时,收购者往往与目标公司的控股股东协商,通过购买控股股东的股权来获得该公司的控制权。

（2）要约收购

要约收购指并购企业通过某种方式,公开向目标公司的股东发出要约,收购一定数量目标公司的股权,从而达到控制该公司的目的,一般来说,要约的对象是目标公司的全体股东,要约的内容包括收购期间、收购价格和收购数量等。收购要约的出价要高于目标公司股票的价格才有吸引力,但目标公司高级管理层是否同意公开收购要约中所列条件仍与公开收购的成败有很大的关系。由于公开收购要约对目标公司具有较强的威慑作用,与股东的利益休戚相关,世界各国均对发出公开收购要约的条件及程序做出详细规定,以保护并购中中小投资者和股东的正当利益。

2. 根据并购的出资方式划分,可分为出资购买资产式并购、出资购买股票式并购、以股票换取资产式并购和以股票换取股票式并购

（1）出资购买资产式并购

是指并购企业使用现金购买目标公司全部或绝大部分资产以实现并购;以现金购买资产形式的并购,通常能做到等价交换,交割清楚,没有后遗症或纠纷。

（2）出资购买股票式并购

是指并购企业使用现金、债券等方式购买目标公司一部分股票,以实现控制后者经营权的目的。

(3) 以股票换取资产式并购

是指并购企业向目标公司发行自己的股票以交换目标公司的大部分资产。

(4) 以股票换取股票式并购

是指并购企业直接向目标公司发行并购公司的股票，以换取目标公司的大部分股票，一般而言，交换的股票数量应至少达到并购企业能控制目标公司的足够表决权数，通过此项安排，目标公司就成为并购公司的子公司，亦可通过解散而并入并购企业。

3. 从并购企业与被并购企业的关系看，可分为横向并购、纵向并购和混合并购

(1) 横向并购

横向并购是指商业上的竞争对手间的并购，特别是两个或两个以上生产或销售相同、相似产品的企业间的并购，结果是资本在同一生产、销售部门集中，优势企业吞并劣势企业，迅速扩大生产规模、节约共同费用、提高通用设备的使用效率，便于在更大范围内实现专业分工协作、采用先进工艺、统一技术标准及销售和采购，从而消除竞争、扩大市场份额、增加并购企业的实力或形成规模效应。

(2) 纵向并购

纵向并购是指与企业的供应厂商（上游企业）或客户（下游企业）的并购，即生产过程或经营环节相互衔接、密切联系的企业之间，或者具有纵向协作关系的专业化企业之间的并购。纵向并购主要集中于加工制造业和与此相关的原材料、运输、贸易公司，其优点除了扩大企业规模、节约费用外，还有加速生产流程，缩短生产周期，减少运输、仓储、资源等方面的损失。

(3) 混合并购

混合并购是指涉及从事不相关类型经营活动，即非竞争对手又非现实中或潜在的客户或供应商的企业间的并购。混合并购又可分为产品扩张型并购、地域市场扩张型并购和纯粹混合型并购。混合并购的主要目的在于减少行业风险，通过投资多元化降低企业风险，并可使企业快速有效地进入更具增长潜力的行业领域。在跨国公司盛行的今天，混合并购已占据了重要地位。

（三）企业并购对象的选择

1. 关注长期效应和发展战略

从企业长期生存和发展的角度来看，属于衰退行业的企业为了求得继续生存和发展的机会而将资本转向新兴产业时，通常通过并购将一部分资金投向这些产业。这时候，目标公司的选择应关注长期效应，着重注意以下方面：

（1）目标公司所处行业为新兴行业，整个行业的发展阶段基本处于行业生命周期的初创期或成长期；

（2）目标公司拥有所处行业的先进技术、人才和后续产品的开发能力；

（3）目标公司的生产设备和生产技术具有一定的领先水平；

（4）目标公司已形成成熟的产品，并具备生产能力；

（5）目标公司的制约主要体现在资金、内部管理及营销网络等可由并购企业弥补的环节，即双方的竞争优势有明显的互补性。

2. 追求规模效应

所谓规模效应，就是指 1+1>2 的效应，主要指并购活动给企业生产经营活动带来的经营效率的提高及由此产生的效益。

企业并购会对促使规模经济直接产生影响，从而形成规模经济，降低经营成本，并购还有利于从市场营销、管理、技术开发等环节实现企业规模的增长。出于这种并购动机，往往从以下方面选择目标公司：

（1）目标公司所处行业与并购企业所处行业具有高度的相关性；

（2）目标公司具有并购企业所需的技术人才、生产设备、销售网络、生产技术与工艺等条件。

3. 追求财务协同效应

财务协同效应主要是指并购给企业在财务方面带来的种种收益，这种收益的取得不是由于效率的提高而引起的，而是由于税法、会计处理以及证券交易等规定的作用而产生的一种收益。目标公司具有下列特征时，并购可获得财务协同效应：

（1）目标公司可能亏损，但大部分资产对并购企业而言有利用价值，不至于公司为获得所得税的减少却要承受大量的资产损失；

（2）目标公司举债不多，并购企业通过并购可使公司整体资产负债率降

低,从而增加公司融资能力;

(3) 目标公司的规模与并购方的规模相差不大,若目标公司规模过小会使财务协同效应不明显;

(4) 目标公司属于政策规定鼓励兼并的企业之列,并购企业可由此享受税务及债务方面的优惠政策;

(5) 目标公司没有大量的人员负担、债务或亏损,否则,这些并购的负效应将抵消并购公司获得的财务协同效应。

4. 追求价值发现

当并购企业对一家公司的估价高于市场对该公司的估价时,这家公司很可能成为并购对象,这种并购发生的可能性很大,而且成功率也很高,尤其在通货膨胀率处于较高水平的时期,目标公司资产的账面价值大大低于其实际价值,因而并购比较经济。价值被低估的目标企业通常具有以下特点:

(1) 目标公司的经营管理有充分的潜力;

(2) 目标公司的市盈率低于同类公司;

(3) 目标公司的一些重要信息(足以影响其基本方面)尚未被市场知晓。

(四) 企业并购之后的整合活动

企业并购是一种复杂的经济现象,即使并购后获得了企业的所有权,也并不意味着价值增长的道路已经畅通,并购方取得了目标公司的控制权只是实现了并购目标的第一步。并购后,使目标公司经营尽快步入正轨,以获得并购方追求的"并购增值"才是最终目标。

企业并购后的整合涉及三个层面的调整和重组:一是生产要素上的补充与加强;二是功能上的协同与配合;三是经营上的调整与优化。这三个方面互相依赖,逐层深化。在每一个层面都涉及结构的调整和质量的提高,整合的目的就是在双方企业可供选择的范围内,通过将各自具有比较优势的生产要素、功能乃至生产经营部门优化组合,使企业在一个容纳更大生产潜力和经营效率的框架下协调发展。这种调整一方面实现互补,即通过不同要素、功能、经营的余缺互补实现协同匹配;另一方面实现增长,使原有要素、功能、经营在同一方向上壮大,产生规模效益。

1. 财务整合

财务整合的任务主要是满足并购后经营调整与组织调整对资金的需求，即提供充足的资金以达成企业内的调整目标，建立起能支持并购后企业不断发展的财务能力，进而使企业长期保持良好的状况。具体来讲，这一任务包括：

（1）筹集充足的资本以支持经营、组织的调整；

（2）拓宽融资渠道，获得多方面资金支援；

（3）合理分配并购资金，解决影响整合顺利进行的"瓶颈"制约；

（4）制定和贯彻长期的财务计划，促进经营改善；

（5）统一与修订双方企业财务制度；

（6）进行账务调整，合并财务报表。

2. 经营整合

经营整合是指企业在并购后按照计划进行职能、经营项目等方面的调整与协调，实现协同作用。经营整合其实是将并购前预期的对经营上能产生协同效应的内容具体化并实现的过程。

在经营整合过程中需要对并购初期的一些假设和估计予以验证、修正，并重新制定有助于协同效应发挥作用的新方案。

经营整合的目标是在可接受的时间限度内和成本约束下实现预期的协同，进而强化企业竞争优势，在一个新的或已有的市场内，建立起与战略规划相一致的竞争优势。经营整合包括下列内容：

（1）评价企业的竞争优势和劣势；

（2）确定产生协同作用的领域或经营范围；

（3）进行相应的业务整合和重组。

3. 组织整合

组织整合是指在企业并购后对组织结构和企业文化等进行的一体化调整。经营整合的目标是形成统一、有序的组织结构，完善的规章制度，尽快实现企业的稳定运营。组织整合要求企业进行"角色定位"，有效地掌握和运用对目标公司拥有的控制权，建立过渡阶段的组织结构和工作程序等。组织整合的具体内容包括：

（1）组织机构的设计与重组；

（2）主要的生产运作和操作系统的调整；

（3）人力资源的优化配置；

（4）企业文化的融合。

财务整合、经营整合和组织整合在实际并购整合中往往互相交织，共同影响着并购的成败。因此在并购整合管理中，企业应及时处理三方面所暴露的问题，在一体化运营的基础上实现规模经济和协同效应所产生的"并购增值"，真正获取企业扩张所带来的价值增长。

【案例】上海一百吸收合并上海华联

一、中国零售业的产业背景

按照美国华尔街对产业的分类，零售业类股票是属于稳定类的。美国的零售行业经过多年的资本运营，已形成了由几家寡头所主导的市场格局。在全球500强的前10名企业中，有半数以上的主业是商业流通业。而目前中国零售业的现状却恰恰相反：数量多，但经营质量不高；规模较小，重复建设的现象非常严重，能够形成集约效应和集团作战的非常少；重销售轻管理，重规模的扩张轻视内部的经营，重视外延的发展轻视内涵式的发展；充满了无序的市场竞争。

2005年12月11日中国将全面开放零售业领域。无疑，中国将成为全世界瞩目的销售中心。面对沃尔玛、麦德龙、家乐福、伊藤洋华堂等国际零售业巨头的威胁，我国众多而规模过小的零售商显然无法与之抗衡。而差距不仅仅在规模上，国外零售企业利用其规模优势和全球化采购平台降低商品成本，其毛利率和净利率明显高于国内零售企业，更为残酷的是，国际零售业巨头即使开始在中国赔本，他们还可以利用在其他成熟市场上的盈利来弥补。眼看"狼群来了"，国内零售企业感到了前所未有的生存压力。

商业零售行业的特点是市场竞争激烈，毛利率低。只有通过规模扩张才能有效降低运营成本，并形成一定的地区垄断。于是，中国商业零售业的"做大"成为应付对外开放的主要方式。而通过资本运营迅速整合行业资源，提升核心竞争力，增加抗风险的能力，就成了中国商业零售业的当务之急。

二、上海百联集团的成立

"不在沉默中爆发，就在沉默中灭亡。"深知这一点的上海商业巨头们开始爆发了。2003年4月，在上海市政府的参与下，原上海一百（集团）有限公司、华联（集团）有限公司、友谊（集团）有限公司和上海市经委直属的物资（集团）总公司归并整合而成百联集团。以2002年12月31日数据为准，百联集团拥有总资产284亿元，净资产84亿元；拥有第一百货、华联商厦、华联超市、友谊股份、物贸中心、第一医药和联华超市7家上市公司；拥有第一百货商店、华联商厦、东方商厦、华联超市、联华超市、妇女用品商店、第一医药、蔡同德堂等知名企业；拥有遍布全国23个省市的近5,000家营业网点，涵盖了包括百货、标准超市、大卖场、便利店、购物中心、专业卖场和物流在内的多种业态，是一个特大型流通产业集团（见图2）。百联集团的成立让中国在流通产业领域拥有了银河战舰，但为了成为真正意义上的银河战舰他们首先要做的是如何让这艘战舰更高效更具战斗力。百联集团的产业整合大幕就此拉开。

百联集团首先要解决的就是如何减少同业竞争。在百联集团旗下，第一百货、友谊股份、华联商厦三者之间，华联超市与联华超市之间都存在着同业竞争问题。就百联集团而言，横向产业整合的核心就是按业态进行同类项合并。然而百联集团几乎囊括了所有的商业销售业态，据统计，百联集团共拥有百货店15家，超市约2,000家，便利店1,162家，大卖场55家，专业专卖店421家，购物中心7家。进行产业整合是一项打散了、揉碎了，再重新捏合的工作，每一个业态的合并都涉及人员、资产、负债、布局等一系列问题，并且涉及各上市公司利益协调的问题，因此百联集团的整合之路显得格外艰难。

吸收合并后商业航母——百联集团

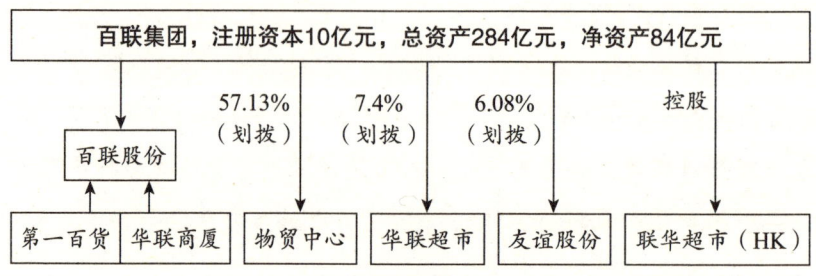

图2　百联集团的股权结构

突破首先从百货业开始，5月12日，百联集团刚挂牌仅半个月，一百集团就以1.27亿元收购了上海实业公司所持有的东方商厦51%的股权，全资拥有东方商厦。5月28日，百联集团宣布组建一百集团百货连锁事业部。事业部成立后，率先对一百集团属下的东方商厦、第一八佰伴、一店东楼三家大型百货商场实行"三店联动"，并实施统一营销、统一管理、统一采购、统一形象。业内人士预计，"三店联动"使得一百的销售规模至少提高15%。

百货连锁事业部的扩张并未就此止步。按照百联集团的计划，他们将通过兼并重组、联营租赁、投资合作、品牌代理、管理输出等多种方式，把百联集团旗下的多家大中型百货企业整合纳入，从而完成百货业态的连锁整合。此外，百联集团将按照连锁事业部的模式，按业态进行一系列的合并同类项，最终形成百货、连锁超市、大型专业专卖店、进出口贸易、批发、物流、房产物业、电子商务等纵向板块，凸显集约经营的优势。

同时，百联集团的另一项计划——上市，也在紧锣密鼓地筹划中。百联集团拥有七家上市公司，集团的商业运营模式无疑将影响到原有企业的自主经营权、决策权和分配处置权，因此整体上市将是其解决目前尴尬境地的最为理想的方式。但要真正实现整体上市，将涉及多家上市公司，这将面临很多障碍。在这个背景下，百联集团决定将主营业务重合、资源交叉现象十分明显的第一百货与华联商厦合并。本次合并后，存续公司可统一采购、统一配送，发挥规模经济效应，提高行业集中度。并且通过资产置换可以将百联集团所控股的东方商厦注入存续公司，既减少了同业竞争问题又增强了存续公司的实力，不失为一石二鸟之举。更为重要的是集团将以存续公司为平台，通过一系列资本运作不断向上市公司注入优质资产，将打造成具有超强战斗力的银河战舰。

三、一百吸收合并华联的合并方案

被誉为"百联模式"的第一百货吸收合并华联商厦的具体方案如下：

1. 合并模式

本次合并以吸收合并模式进行，其中第一百货为合并方，华联商厦为被合并方。华联商厦的股东将其股份按相应的折股比例换成第一百货的股份，合并完成后，华联商厦的法人资格注销。合并后存续公司将更名为上海百联集团股份有限公司。

2. 股份折换

华联商厦全体非流通股股东将其持有的股份按非流通股折股比例换成第一百货的非流通股份，一股华联商厦股份折换成第一百货股份的比例确定为1:1.273；华联商厦全体流通股股东将其持有的股份按照流通股折股比例换成第一百货的流通股份，一股华联商厦股份折换成第一百货股份的比例确定为1:1.114。

如果华联商厦的股东不愿意换股，股东可以将手中股票直接换成现金，其中，第一百货和华联商厦非流通股现金选择权价格为合并基准日的每股净资产值，分别为2.957元和3.572元；第一百货和华联商厦流通股现金选择权价格为董事会召开前12个月每日加权平均价格的算术平均值上浮5%，分别为7.62元和7.74元。

3. 定向发行

经中国证监会同意，第一百货因吸收合并华联商厦而向华联商厦的全体股东定向发行51,817.9356万股普通股，其中，向非流通股股东定向发行37,952.3026万股非流通股，向流通股股东定向发行13,865.633万股流通股。

中国证监会同意豁免百联集团有限公司因第一百货吸收合并公司持有第一百货股票551,203,627股（占总股本的50.06%）而应履行的要约收购义务；同意豁免第一百货因吸收合并公司持有华联超市股份有限公司股票77,137,623股（占总股本的35.25%）而应履行的要约收购义务。

4. 资产整合

华联商厦的全部资产、负债及权益并入第一百货，其现有的法人资格因合并而注销，合并后存续公司将更名为上海百联（集团）股份有限公司，而华联商厦将于11月18日终止上市交易。

四、合并方案评析

第一百货因吸收合并华联商厦引起了我国证券市场的高度关注，因为这是我国证券史上第一个上市公司之间进行吸收合并的案例，具有里程碑的意义。

1. 选择吸收合并运作模式的原因

为什么选择吸收合并这种资本运营方式？百联集团董事长张新生解释说，在设计重组方案时有多种方案，但有的方案代价太高，比如通过收购资产的方式需要4亿多的资金；新设合并太慢了，新设一个公司到上市要差不多3年时间，而且证监会对此管得比较严。也考虑过通过资产置换、买卖等方式，保留华联商厦这一个壳，但经过核算，税收方面将要付出4亿元。这对于一家上市公司而言是难以承受的。因此，吸收合并是可以选择的最好方式。

2. 合并方案的闪光点

由于我国证券市场的股权存在流通股和非流通股之分，这种股权分置的特殊现象直接造成了上市公司之间进行资产重组整合的高难度性及其复杂性，由于没有先例和统一的操作模式，就需要资本运营者高超的智慧和创新才能。本次吸收合并的顺利实施无疑表明了其合并方案在设计上的相对完善性和在操作上的可行性，这是此次合并案的总设计师张新生等人的智慧和创新的结晶。

（1）针对流通股和非流通股确定了两个不同的折股比例

换股合并的突出优点是能避免支付大量的现金，合并方没有任何现金流出，其不会影响后续发展的资金需求。使企业能够更好地进行资源整合和优化配置，因此，在国际证券市场上，换股合并是企业进行资本运营的一种常用方式。由于国际证券市场上的股份都是全流通的，所以一个折股比例就能平衡合并双方股东的利益。

但是在我国，由于历史的原因造成了证券市场上的流通股和非流通股的股权分置，流通股和非流通股具有不同的价值评估标准。非流通股主要是以净资产作为评估标准，流通股主要是以市场价格作为评估标准。以前的一些换股合并案例主要是上市公司对非上市的股份公司的兼并，如新潮实业通过山东新牟股份有限公司股东定向增发新股的吸收合并、清华同方吸收合并鲁颖电子、亚盛集团吸收合并龙喜股份、青岛双星吸收合并青岛华星等，但都没有直接面对股权分置这个重大问题，因为被吸收的公司都是柜台交易后的下柜公司，其股份是不流通的，所以可以视为非流通股。其后虽有上市公司之间吸收合并的尝试，比如原水股份吸收合并凌桥股份等，但都没有成功。已发生的TCL集团吸收合并TCL通信案，尽管是典型的换股合并，但TCL通信在吸收合并前的非流通股全部由TCL集团持有，并且约定在吸收合并时注销该部分非流通股股份，因而造成事实上TCL通信参与换股的只有流通股，这样也避免了股权分置的问题，只需设定一个流通股的折股比例即可。

但是，第一百货和华联商厦两家均是上市公司，都拥有国有股、法人股等非流通股及流通股，因此本次吸收合并中要面临的是双方流通股股东和非流通股股东四个不同的利益主体。由于流通股和非流通股具有不同的价值评估标准，因此，一个折股比例是无法满足两种不同的评估标准的。为充分平衡合并双方股东的利益，本次合并方案创造性地设计了一种平衡合并双方股东利益的崭新方式，即分别对流通股和非流通股设定了两个不同的折股比例，来满足两个不同的价值标准。根据合并方案，非流通股的折股比例以每股净资产为基础，并考虑到了合并双方商用房地产价值、盈利能力和业务成长性等因素，华联商厦非流通股折股比例采用每股净资产加成系数法确定为1:1.273，即华联商厦的非流通股股东可用1股华联商厦的非流通股换取1.273股第一百货的非流通股；流通股折股比例是以董事会会议召开日前30个交易日内第一百货与华联商厦股票每日加权平均价格的算术平均值为基础，考虑每股未分配利润因素，运用加成系数进行加成处理，确定为1:1.114，即华联商厦的流通股股东可用1股华联商厦的流通股换取1.114股第一百货的流通股，这就最大限度地照顾到了第一百货和华联商厦双方股东的利益。针对流通股和非流通股确定了两个不同的折股比例为解决我国证券市场上现实存在的股权分置矛盾，顺利推进资本运营，提供了一种新的思路。

（2）为合并双方股东提供现金选择权

第一百货和华联商厦吸收合并方案中特别设置了现金选择权，即股东可以将手中股票直接换成现金。合并方案规定，在本次合并董事会决议公告后，除控股股东及其关联股东之外，第一百货和华联商厦的股东可就其是继续持有华联或一百的股份还是申请股份折现进行选择；如果选择股份折现，则股东要在2004年4月28日通过其指定交易的证券公司的营业网点提出申请。经中国证券登记结算有限责任公司上海分公司确认有效的现金选择权股份将被锁定，等该股份的持有者将在中国证监会核准本次合并后取得现金而退出上市公司。第一百货和华联商厦非流通股现金选择权价格为合并基准日的每股净资产值，分别为2.957元和3.572元；第一百货和华联商厦流通股现金选择权价格为董事会召开前12个月每日加权平均价格的算术平均值上浮5%，分别为7.62元和7.74元。

另外，折现的股票不是由上市公司进行收购，而是由百联集团和独立财务顾问来收购,这种安排一方面不会对上市公司造成影响进而损害股东利益,另一方面也反映了上市公司的大股东对公司未来发展的良好预期。

设立现金选择权,其实是给予了双方股东一个退出的通道,避免了在合并期间因市场因素而导致股价大幅震荡,给中小股东带来损失,从而为中小股东提供了利益保障。本次合并方案中设立的现金选择权是中国证券市场上史无前例的创举,是我国资本运营实践活动中的一大创新,具有现实的借鉴意义。

(3)安排合并双方的股票长期停牌

在本次合并方案的实施过程中,作为现金选择权方案的配套措施,在董事会决议公告日至中国证监会核准本次合并换股完成日期间,上交所对第一百货和华联商厦挂牌交易的股票进行停牌处理。第一百货和华联商厦的吸收合并方案推出前后,从4月份起这两只股票进行了7个多月的停牌,在这个期间内,经历了股东大会批准、中国证监会核准等一系列复杂的过程。

第一百货和华联商厦都是上市公司,由于设定了固定的折股比例,两家上市公司的股价就存在了联动效应,因此,就有可能通过操纵两家公司的股票价格,利用换股的机会进行套利,最终损害中小投资者利益。我国以前发生的一些吸收合并案例均没有采用长期停牌措施,本次方案实施中对合并双方的股票交易采用了类似上市公司重大资产重组长期停牌的措施,一方面能锁定风险,防止股价异常波动,减少投机者的套利行为,另一方面,能保持双方股票价格的稳定,使得两家公司比较容易确定折股比例,并能给双方的股东留出足够时间考虑是否选择现金选择权。安排合并双方的股票长期停牌是实施上市公司之间并购的有益尝试。

此外,在本次吸收合并中,独立董事征集投票权、关联股东回避表决及以特别决议案形式对合并事项表决等创新措施的采取也都是这个合并方案的耀眼的闪光点。

五、第一百货吸收合并华联商厦的效果分析

百联集团通过这次重组整合,有效地解决了第一百货与华联商厦两家公司同在百联集团麾下而产生的同业竞争与关联交易问题,实现内部业务流程重组和管理流程重组,减少集团内企业相互竞争而形成的内耗,有利于实现资源的优化整合、集约经营,实施统一的发展战略,形成符合国际零售业发展趋势的、连续集约发展的经营业态体系。同时，这对于完善内部治理也具有重要作用。这次合并为百联集团建造了一个资本运营和产业运作平台，是整个集团产业整合的第一步，也是一种有益的尝试。在百联集团董事长张新生的规划中，百联集团的目标是发展全国、连接世界，并且在2010年前进入财富500强，成为"中国的沃尔玛"。

合并后的上市公司"百联股份"的销售额还只占整个百联集团的8.4%，资产总额只占整个百联集团的21%，百联集团还有更多的资产和业务。为实现"中国的沃尔玛"这个宏伟目标，百联集团在这个资本运营平台上将会有更大的手笔和动作。

合并后存续公司"百联股份"的总股本为110,102.73万股，其中流通股32,696.97万股（见图3），拥有14家大型百货商场与3家购物中心，总资产近60亿元，股东权益将达到32亿元，成为国内名副其实的商业老大。从2004年11月26日起，原华联商厦（600632）的股票已终止上市，华联商厦的股票与原第一百货的股票全部转换成新的"百联股份"挂牌上市交易。

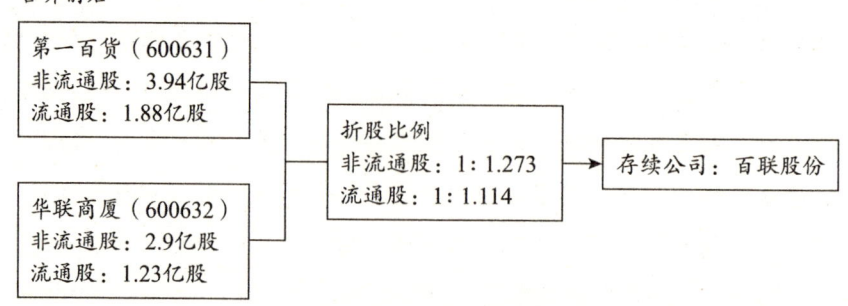

图3 合并前后的"百联股份"

"百联股份"挂牌后，从战略规划来看，公司的发展前景相当乐观，其目标是打造为"国内一流的流通产业巨头"。为消除及避免同业竞争，大股东百联集团已出具书面承诺，承诺在第一百货和华联商厦吸收合并完成后，将其持有的东方商厦有限公司100%股权与"百联股份"的非主业资产进行资产置换，这个位于上海黄金商业区徐家汇的大型综合百货商场具有良好的经营业绩，同时百联集团还准备将其持有的其他优质商业资产，采取适当的方式注入存续公司，这都大大提高了"百联股份"的盈利能力和经济实力。

二、买壳上市

1. "壳资源"的价值

所谓"壳资源"是指上市企业具备发行股票、增资扩股的资格和能力。"壳资源"具有较高的价值,其在中国上市资格是一种稀缺资源,受到上市额度和上市节奏的制约。而上市确实能够帮助企业筹集大量低成本资金,分散风险,提升企业知名度,享受税收优惠等。

2. 买壳上市

寻找"壳资源"的目的是买壳上市,即非上市企业收购一家上市公司,完成"买壳交易",然后再由上市公司收购买"壳"企业的优良资产或进行资产置换,从而将非上市公司的主体注入上市公司中,实现非上市公司间接上市的目的。

买壳上市作为一种资产重组的特殊方式,是实现企业价值增长的有效手段。但是,要真正能够通过买壳上市创造价值,需要在运作中从三个角度把握:

(1) 选择理想的"壳资源"

选"壳"最重要,好的"壳资源"是创造价值的基础。一般选"壳"时,买壳企业都要考虑"壳资源"规模的大小、股本结构、市场价格、行业状况、财务状况、增长潜力等。理想的"壳资源"应当具备下列条件:一是与收购企业的主营业务相关联,这样易于融合,协同效应迅速而明显;二是股权结构和负债比例合理,不至于造成收购困难和"壳资源"包袱沉重;三是"壳资源"的资产质量相对较好,"壳"的政策约束较少,可以增强获利能力,减少交易成本。

(2) 资产置换的优化和整合

在非上市企业买"壳"后,要大刀阔斧地变革和整合"壳资源",一般是将"壳"内的旧的不良资产出售或置换出来,将非上市企业的有发展潜力和获利能力强的优良资产注入"壳"公司,同时还可能伴有其他资产重组行为,从而彻底调整"壳"公司资产结构,使"壳"公司发生质变,焕发生机。

(3) 利用配股时机再次提升企业价值

当"壳"公司正常运行后,利用适当的时机实施配股或增发新股,完成增量资产对存量资产的再次调整与整合,进一步改善"壳"公司的资产质量和获利能力。

【案例】中远集团买壳上市

中远集团（中国远洋运输集团公司）成立于1961年，属国有大型企业集团。航运业是集团的核心业务，目前公司拥有600艘船，1,700万载重吨，在世界航运企业中名列第三，中远集团的集装箱船队在世界上名列第四，中远的规模及其市场份额较其主要国内竞争对手确实具有压倒性的优势。面临激烈的市场竞争，中远集团提出了"下海、登陆、上天"的新发展战略，使公司从航运企业向综合性物流业方向发展，并着重将房地产业作为集团多元化拓展的重点。

1. 决心购壳

在分析国内资本市场环境后，结合自身的发展情况，中远决定通过"买壳上市"拓宽筹资渠道，通过重组、并购扩大自己的规模。其原因有两个：一是时间快，"买壳上市"所具有的时间优势十分明显，可以为中远集团迅速采取资本运作、资本经营的外部增长方式赢得宝贵的时间；二是不受上市额度的限制，通过买壳上市迅速以合法、有效的方式摆脱这种政策性限制。

2. 精心选壳

企业能否通过买壳利用上市公司股本扩张的融资渠道顺利获取资金，盘活现有资产，"壳资源"的选择至关重要。中远集团选择众城，主要在于众城的五大优势：一是独特的区位优势。众城实业地处上海浦东陆家嘴金融贸易开发区繁华地段，公司所有资产集中分布在浦东新区的陆家嘴地区和外高桥保税区，因此，它既具有巨大的升值潜力，又对中远集团实施"登陆"战略，参与浦东金融、贸易及国际航运交流具有重要的现实意义。二是众多的优惠政策。众城实业可以享受浦东新区众多优惠政策，如享受减免税、退税的优惠政策等。这些优惠政策不仅促进中远集团在这一地区的发展，又能通过今后对该上市公司的注资及资产重组，扩大集团内企业间接分享这些优惠政策，提高集团整体的经济效益和市场竞争能力。三是较好的资产质量。作为一家房地产类"壳"公司，众城拥有高档商住楼及大面积土地储备，其资产质量及经营的连续性远好于其他此类上市公司。四是良好的财务状况，众城实业当时的资产财务状况很适合并购整合工作的展开,公司的资产负债率一直保持在较低的水平,较低的资产负债率为收购方利用杠杆效应举债创造了条件,公司资产流动性极佳,资产流动性强对于收购方具有很强的吸引力,这使收购方在进行资产整合时可以采取较有魄力的处置方法,不必担心财务上的流动性风险。五是较高的社会知名度。众城实业是为浦东开发而组建的规范性公司,其投资的第一个大项目众城大厦曾创下浦东新区同类大厦的三个第一,中远可以借收购之机提高自身在中国资本市场上的知名度。

3. 运作买壳

通过精心设计的买"壳"行动分三步运作:

第一步,组建收购主体公司。为了使收购风险能控制在一定范围内,也为了使收购及以后的资产重组工作能有一个精干的管理层和灵活的管理运作机制,中远集团在中远(香港)置业有限公司已获巨大成功的基础上,决定在上海专门为收购众城实业成立一家收购主体公司——中远(上海)置业有限公司。通过中远(上海)置业有限公司来对众城实业进行直接操作收到了明显效果:在对众城进行并购整合工作中,中远置业直接承担了主要的重组工作,对众城的部分不良资产进行剥离并予以接收改造,把中远集团的一些优质资产先期注入中远置业,然后再间接注入众城中去,这种做法无疑是符合现代控股公司产权规则与竞争规则的妙手之招。

第二步,步步为营,从相对控股到绝对控股。中远在操作时精心设计了分两步达到绝对控股的计划,因为如果第一次花巨资绝对控股后发现被收购企业内部存在一些事先未能预料并且难以解决的问题时,将会使收购工作难以展开,想要撤回将面临巨大的风险并将蒙受惨重的经济损失。按照稳健原则,先相对控股,然后在中远进入众城董事会进行资产重组并产生明显效果时再增持股份。

第三步,增持股份,获取价值增长。众城在中远的整合下,经营状况明显改善,此时中远置业继续投入大量资金,控股比例的提高使其充分享受因众城业绩大幅改善所带来的综合收益,通过对众城的控股、重组,中远集团在国内资本市场上打开了一条前景广阔的直接融资渠道,上市公司"壳"所具有的筹资功能在中远的后续资本运营中得到充分发挥。

三、股权—资产置换

股权—资产置换属于调整型资本运营的一种方式,在实际操作中,可采用两种方法:一是由企业原有股东以出让部分股权的代价使企业获得其他公司或股东的优质资产。二是以增发新股的方式来获得其他公司或股东的优质资产。

从支付方式方面来说,股权—资产置换属于典型的以非现金作为支付手段的资本运营方式,无论是用企业原有股东的股权还是用定向增发的股权来换取上市公司所需的优质资产,在实际上都是以股权作为支付方式。

采用股权—资产置换方式进行资本运营具有以下优越性:

(1)可以避免大量的现金流出,从而能节约宝贵的资金资源来满足上市公司进行扩大再生产的需要。

(2)用股权置换所需的优质资产,上市公司能够迅速改善资产质量,扩大资产的规模,提高每股净资产收益;同时,上市公司的流通股价格也会随之上涨,这样就使得上市公司的融资能力大大增强。

(3)有利于维护交易双方的利益。我国以往的上市公司重组多采用以下重组方式:首先,重组方协议受让上市公司大股东的股份,从而取得上市公司的控制权,然后,重组方将自己的优质资产与上市公司原有的不良资产以账面价值进行"等价交换",以便使得上市公司恢复盈利能力和融资能力。显然较强盈利能力的优质资产与丧失盈利能力的不良资产按账面价值进行交换,是一种不平等的交易,对重组方来说是不公平的。如果重组方在控制上市公司后无法取得预期的利益,重组方就很可能利用各种手段来控制上市公司,以便弥补付出优质资产的损失,从而损害上市公司的利益。而采取股份置换资产的方式就能很好地维护重组双方的利益。

(4)能够减少交易成本。按照《中华人民共和国营业税暂行条例》的规定,企业转让无形资产、不动产等资产,应按5%的税率征收营业税。但财政部、国家税务总局《关于股权转让有关营业税问题的通知》中规定,在股权置换资产中,用资产作为支付的对价,可以免交营业税。

(5)以股权置换资产也是一种资产证券化的金融工具,为拥有优质资产的中小企业开辟了一条新的上市途径。

【案例】资产股权置换的经典——亚信合并联想IT服务[①]

一、背景分析

2004年7月28日,联想集团(HKSE:992)与亚信科技(NASDAQ:ASIA)在京签署协议:联想集团以其IT服务业务主体部分作价3亿元,置换亚信公司15%的股权。双方通过业务资产和股权置换的方式,实现了亚信公司与联想集团IT服务业务的合并。

在这次联想与亚信的交易过程中,双方都不把这次合并视为一次平常的并购。联想集团总裁杨元庆一再强调这是联想的一项长期投资,并非出售。以表诚意,联想还主动作出了"五年内不会减少对新公司的投资"的承诺。

此番合并后,联想将成为亚信公司单一最大股东,并占有亚信董事会八个席位中的一席。联想虽然将IT服务业务合盘换出,但通过拥有亚信15%的股权仍然间接控制着其原有的IT业务,实际上达到了为IT业务引入战略投资者的目的,同时这也表明联想并没有放弃成为"全方位IT服务提供商"的战略,只是在实现这一战略的道路上,联想不再像过去3年一样过于激进。此次与亚信合作,联想从表面上看是剥离IT服务业务,实际上是为它在未来IT服务领域的发展创造机会。

对于电信起家的亚信来说,多元化和战略转型一直是其发展的方向。从2001年起,亚信每年的收入一直在下降,从2001年的1.89亿美元降至2003年的1.16亿美元,利润更是由2001年的1,262万美元变为2003年的亏损2,812万美元,股价也从上市初的近百元高位下跌至7元左右,如此大的落差对亚信管理层造成的压力之大可见一斑。能否给亚信找到新的利润增长点,成为重拾市场信心的重要一步。这次通过合并联想IT服务,亚信可以借力联想的人员、市场、品牌,扩张其企业IT服务市场,加速转型的步伐,进一步巩固了"电信、IT两个市场"的战略。

[①] 全球并购研究中心:《亚信合并联想IT服务》,载中国并购交易网,http://www.mergers-china.com。

二、收购分析

无论对于联想还是亚信，这次合作与其说是一次简单的出售与收购，不如说是联想与亚信的战略合作，这也反映了目前并购市场的新动向。合并完成后，亚信将更名为"亚信联想控股有限公司"，集中从事两块业务：以原亚信科技主营业务即通信软件与专业服务为主体的亚信科技（中国）有限公司和以原联想IT服务业务为主体的非电信IT服务业务的新公司——联想亚信科技有限公司。新成立的"联想亚信"公司将在两年内独立运作，享有充分的运营决策自主权。

资产和股权置换的交易方式也让双方达到了双赢的目的。亚信将通过两个步骤来支付此项业务收购：首先以市价向联想支付价值480万美元（人民币4,000万元）的亚信股票；几个月后，亚信还将支付价值3,150万美元（人民币2.6亿元）的零息可转换债券，联想可以在未来12个月的任意时间内将这部分债券以当时的市价转换为亚信的股票。同时，联想主动承诺，在未来5年内将对亚信的持股比例不低于5%，而这个持股比例没有上限。

亚信获得联想的IT服务没有花一分钱现金，大大减轻了亚信的资金压力；而联想利用亚信股票处于低潮的有利时机，以3亿元的非核心待处理资产就换来单一最大股东地位，不但实现了引进战略投资人的目的，而且相应地掌控了对方15%的股份，联想可以说是一举两得。

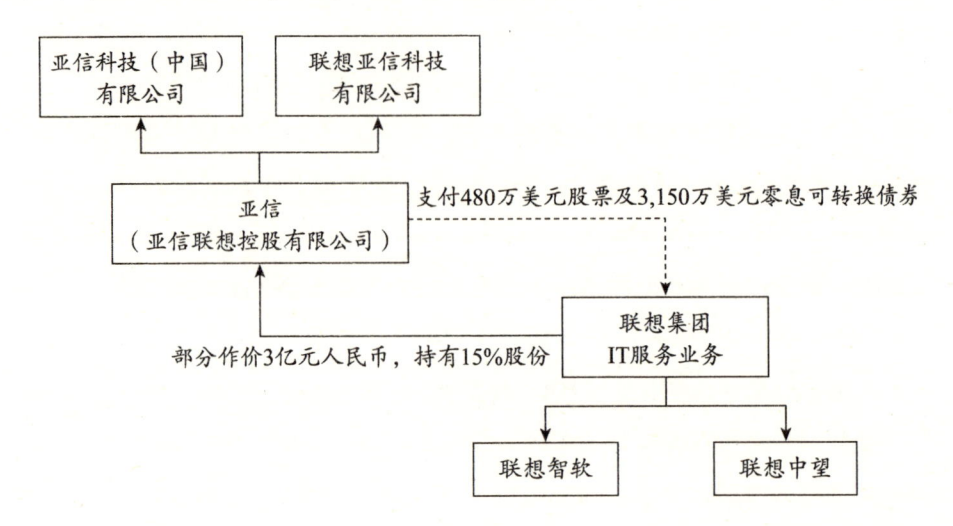

四、资本收缩与分拆上市

与企业并购扩张相比，资本收缩是价值创造的反向思维，这是"以退为进"的辩证思想在经营调整和战略规划上的运用。积极放弃有悖于企业长远发展战略、缺乏一定成长潜力的业务和资产，培植主导产业和关联度强的产业链，对于企业来讲，恰恰是发挥竞争优势、实现价值增长的灵丹妙药。

（一）资本收缩的形式

1. 资产剥离

企业将现有的某些部门、产品生产线、固定资产等出售给其他公司，并取得现金或有价证券回报的一种资本收缩行为。

2. 股份回购

股份有限公司通过一定的途径买回本公司发行在外的股份的行为，这是一种大规模改变公司资本结构的方式。股份回购有两种基本方式：一是公司将自由支配现金分配给股东，这种分配不是支付红利，而是购回股票；二是公司认为资本结构中股本成分太高，用发售债券的款项购回本公司的股票。

3. 企业分立

企业分立，是指一个母公司将其在某子公司中所拥有的股份，按母公司股东在母公司中的持股比例分配给现有母公司的股东，从而在法律上和组织上将子公司的经营从母公司的经营中分离出去。在分立过程中，不存在股权和控制权向母公司和其股东之外第三者转移的情况。

企业分立可以培养更多的企业家；企业分立也往往是资本市场的利好信息，带动股价上扬。企业分立也是一种反收购的手段。但企业分立只不过是资产契约的转移，其本身并不能使经营业绩得到根本的改进，完成分立活动还要经过复杂的税收和法律程序，这其中包含着极高的法律和会计成本。

（二）资本收缩的动机与效果

1. 适应经营环境变化，调整经营战略

任何一个企业都是在动态的环境中经营。资本收缩正是一种适应动态变化环境的有效手段，是企业所采取的发展战略的一部分。1998年，百事公司决定专注于汽车及零食方面的生意，因此分拆旗下的连锁餐厅，包括必胜客、肯德基等，组成特里孔全球餐饮公司并上市，分拆后的百事饮食业务，已由互相竞争变成互相协调和促进。

2. 提高管理效率

资本收缩可以集中经营优势产业，提高母公司的整体运营水平和管理效率，从而为企业的股东创造更大的价值。资本收缩与企业分立常常能够创造出一个简洁、高效、分权化的组织架构。2001年，联想集团宣布"联想电脑"、"神州数码"实行战略分拆，分拆后的神州数码于当年6月在中国香港创业板上市。联想集团的这一举措自然有其战略上的考虑，通过分拆可以实现经营领域的拓展，提高整个集团的管理运作效率。

3. 提高资源利用效率

通常资本收缩与企业分立的基本原因有两个：第一，那部分资产作为购买方的一部分比作为售出方的一部分更有价值；第二，那部分资产强烈干扰了售出方其他的盈利活动。通过剥离或分立的方式，一方面可以变现已经实现的收益，提高企业股票的市场价值，让市场更有效地评价剥离或分立部分资产的运营效益；另一方面，可以通过剥离与分立筹集营运资金，获得发展其他机会所需的财务和管理资源。

4. 弥补并购决策失误或成为并购决策的一部分

企业出于各种动机进行兼并收购，但不明智的并购决策会导致灭顶之灾。虽然被并购的企业有很好的盈利机会，但并购方由于管理或者实力上的原因，无法有效地利用这些盈利机会。通过剥离这些企业给另一家有能力发掘其盈利潜力的公司，无论对卖方还是买方而言，可能都是极为明智的选择。

另外，剥离与分立往往是企业并购一揽子计划的组成部分。许多资产出售等公司分拆计划，早在该公司被收购前已经由收购方制定成收购一揽子计划中的一个组成部分。因为被收购的企业中，总有一部分在收购方企业看来是不适应企业总体发展战略的，严重的甚至会给企业带来不必要的亏损，在有的收购活动中，将被收购企业进行分拆出售资产往往又作为收购融资的部分资金来源。

5. 获取税收或管制方面的收益

每个国家出于调节经济的需要，制定了不同的税收政策。例如，在美国，对于自然资源特权信托和不动产投资信托公司，如果它们把投资收益90%分配给股东，公司就无须缴纳所得税，因此，一个综合性公司将其经营房地产的部门独立出来，就有可能享受税收方面的减免。所以母公司可以进行合法避税并且给分立出的子公司的股东带来利益，而他们（最初）也正是母公司的股东。

如果子公司从事受限制行业的经营，而母公司从事不受限制行业的经营，那么一方面母公司常常会受到管制性检查的"连累"，另一方面如果管制当局在评级时以母公司的利润为依据，受管制子公司可能会因与盈利的母公司联系而处于不利地位。而如果让子公司独立出来，则既可使从事不受管制行业经营的母公司不再受到规章的约束与审查，又可使子公司得以有更大的机会提高评级水平。

（三）分拆上市

分拆上市，是指将部分资产或业务从母公司中独立出来，另行公开招股上市。

企业分拆上市近年来发展迅速，典型的案例有：同仁堂股份旗下同仁堂科技的分拆上市，以及联想集团（香港）旗下神州数码在香港创业板的分拆上市等。

【案例】同仁堂分拆上市案

1997年4月，同仁堂股份有限公司，由中国北京同仁堂集团公司以集团下属的北京同仁堂制药厂、北京同仁堂制药二厂等六个单位的生产经营性资产投入公司而设立。公司主要经营中成药、西药制剂、生化药品等。

2000年10月31日，由北京同仁堂股份有限公司投资1亿元与其他发起人共同发起设立的北京同仁堂科技发展股份有限公司，在香港完成全部国际配售，在香港联交所创业板挂牌交易。同仁堂科技上市后，同仁堂股份有限公司占有总股本54.7%的股份，为第一大股东。香港的和记黄埔（李嘉诚旗下的国际公司）斥资约5,000万元，认购了同仁堂科技总发行股本近10%的股份，一跃成为第二大股东。

同仁堂科技的上市标志着同仁堂在利用国际资本方面取得突破，拥有了国内国际两条融资渠道，加快了同仁堂实现中药现代化的步伐。更为重要的是，分拆优质资产去中国香港创业板上市，本身说明了老字号在尝试新的资本运作方式，面向国际医药主流市场，尤其是面向中药的海外主要市场——东南亚，与国际风险资本对接，运用国际风险资本发展中药产业，这对于解决我国医药企业的资金瓶颈制约提供了一个新的思路。

同仁堂科技处于中国香港监管之下，其财务审计、内部管理完全与国际接轨，信息披露的充分性与准确性便于投资者对公司价值的评估，同时利用优势引进先进的技术和管理，以国际标准进行产品研发，开发出更多具有国际竞争力的产品。因此，在证券市场上，同仁堂获得了巨额的投资收益，全面提升了A股股价和股东权益。

第二章 资本扩张

第一节 股权收购

一、股权收购概述

（一）股权收购的定义及特点

股权收购，是指一家企业（以下称为收购企业）购买另一家企业（以下称为被收购企业）的股权，以实现对被收购企业控制的交易。收购企业支付对价的形式包括股权支付、非股权支付或两者的组合[①]。主要特点有：

1. 股权收购的主体和客体是收购公司和目标公司的股东，收购对象是目标公司的股权。

2. 股权收购的目的是获得目标公司的控制权。

3. 股权收购后，收购公司仅在出资范围内承担责任，目标公司的原有债务仍然由目标公司承担。

（二）股权收购的监管现状

我国《公司法》规定："有限责任公司的股东之间可以相互转让其全部或者部分股权。股东向股东以外的人转让股权，应当经其他股东过半数同意。"

---

① 高金平：《资产重组的会计与税务问题》，中国财政经济出版社2014年版，第214页。

此外,《中外合资经营企业法实施条例》规定:"合营一方向第三者转让其全部或者部分股权的,须经合营他方同意。"在股权收购中,影响最大的是目标公司的股东,为了避免恶意收购行为,法律赋予了其他股东和合营者相应的监督权和知情权,以保障其合法的经济利益。

政府对股权收购的审批式监管因目标企业的所有权不同,差异较大。对于不涉及国有企业和上市公司股权收购的,政府将审批重点放在收购企业能否继续享有被收购企业优惠待遇上。对于涉及国有股权的收购,政府审批的要点主要是股权转让价格是否公平、是否会引起国有资产流失。对于上市公司的股权收购,主要的审批部门除地方授权部门外,还包括中国证券监督管理委员会,审批的要点是上市公司是否符合上市条件,是否会损害其他股东的利益等。

二、股权收购的会计处理

因为股权收购最终会对目标企业形成控制,根据《企业会计准则》(2014年版)的相关规定,企业合并是指将两个或者两个以上单独的企业合并形成一个报告主体的交易,股权收购的会计处理应当遵循《企业会计准则第20号——企业合并》进行账务处理。

(一)收购企业和目标企业受控于同一主体

收购企业和目标企业构成同一控制下的企业合并,收购方将购买的股权按照合并日被合并方所有者权益账面价值的份额确认初始投资成本确认为长期股权投资,根据付出对价的方式不同,分为贷记银行存款、固定资产、存货、实收资本、资本公积等科目。被收购方无须做会计处理,但应根据被收购股权、股份的比例调整实收资本(股本)明细科目。

《企业会计准则第20号——企业合并》第二章"同一控制下的企业合并"第六条规定,合并方在企业合并中取得的资产和负债,应当按照合并日在被合并方的账面价值计量。合并方取得的净资产账面价值与支付的合并对价账面价值(或发行股份面值总额)的差额,应当调整资本公积;资本公积不足冲减的,调整留存收益。第八条规定,合并方为进行企业合并发生的各项直接相关费用,包括为进行企业合并而支付的审计费用、评估费用、法律服务费用等，应当于发生时计入当期损益。为企业合并发行的债券或承担其他债务支付的手续费、佣金等，应当计入所发行债券及其他债务的初始计量金额。企业合并中发行权益性证券发生的手续费、佣金等费用，应当抵减权益性证券溢价收入，溢价收入不足冲减的，冲减留存收益。

收购方按照上述准则确认长期股权投资的初始投资成本时，需注意目标企业的会计政策与本公司是否一致。如不一致，需将目标企业的资产负债按照本公司的会计政策进行调整后，再按照调整后的账面价值确定长期股权投资成本。

【案例】 A、B公司分别为P公司控制下的两家子公司。A公司于2009年3月10日向B公司定向发行1,500万普通股（每股面值1元，公允价值为2元）自母公司P处取得B公司70%的股权，合并日B公司的账面净资产为4,000万元，A公司一次性支付股票发行费用50万元。假设A、B公司采用的会计政策相同。

A公司此次股权收购的会计处理为：

借：长期股权投资　　　　　　　　　　　　　　28,000,000
　　贷：股本　　　　　　　　　　　　　　　　15,000,000
　　　　资本公积——股本溢价　　　　　　　　12,950,000
　　　　银行存款　　　　　　　　　　　　　　　　50,000

B公司不做账务处理。

（二）收购企业和目标企业非受控于同一主体

收购企业与目标企业形成非同一控制下的企业合并，收购方将购买的股权确认为长期股权投资，并按照合并日被合并方所有者权益公允价值的份额确认初始投资成本。被收购方无须做会计处理，但应根据被收购股权、股份的比例调整实收资本（股本）明细科目。

《企业会计准则第20号——企业合并》第三章第十二条规定："购买方在购买日对作为企业合并对价付出的资产、发生或承担的负债应当按照公允价值计量，公允价值与其账面价值的差额，计入当期损益。"第十三条规定，购买方对合并成本大于合并中取得的被购买方可辨认净资产公允价值份额的差额，在编制合并财务报表时，应当确认为商誉。购买方对合并成本小于合并中取得的被购买方可辨认净资产公允价值时，需对取得的被购买方各项可辨认资产、负债及或有负债的公允价值以及合并成本的计量进行复核，复核后仍存在的差额计入当期损益。《企业会计准则第20号——企业合并》第三章第十一条（三）规定："购买方为进行企业合并发生的各项直接相关费用也应当计入企业合并成本。"

收购企业与目标企业非受控于同一主体时，股权收购方应注意：

以无形资产、固定资产及不动产作为对价时，应该按照公允价值和账面净值的差额确认资产转让收入或损失，并结转相应的摊销和折旧，计提流转税。

在收购成本大于取得的被购买方可辨认净资产公允价值的份额时，收购方在个别财务报表中并不确认"商誉"（吸收合并应确认"商誉"）收购成本小于取得的被购买方可辨认净资产公允价值的份额时，应确认"营业外收入"。

【案例】 甲公司某年初投资非同一控制下乙公司，取得80%的股权。当日乙公司可辨认净资产公允价值为2,200万元。甲公司支付银行存款700万元，另外支付并购中的评估费等税费100万元；为企业并购支出固定资产公允价值500万元，固定资产账面原值600万元，计提折旧200万元；支出持有的其他公司长期股权投资公允价值200万，账面价值150万元；付出产成品公允价值300万元，实际成本200万元，增值税率17%，企业所得税率为25%[①]。

分析： 被并购方可辨认资产公允价值的份额 =2,200万元 ×80%=1,760（万元）

长期股权投资并购成本 =700+100+500+200+300×（1+17%）=1,851（万元）

前者小于后者，差额为91万元，作为商誉包含在长期股权投资的初始成本中，不得在账簿上单独确认商誉，只有在合并财务报表上予以列示。

会计处理：

借：长期股权投资　　　　　　　　　　　　　　　　18,510,000

　　贷：银行存款　　　　　　　　　　　　　　　　　8,000,000

---

① 王洁莉："浅析企业股权收购的涉税会计处理"，载《对外经贸》2013年第10期。

固定资产清理	4,000,000
长期股权投资	1,500,000
主营业务收入	3,000,000
应交税费——应交增值税（销项税额）	510,000
营业外收入	1,500,000

结转成本：
借：主营业务成本　　　　　　　　　　　　2,000,000
　　贷：库存商品　　　　　　　　　　　　　　　　2,000,000

（三）"反向收购"的会计处理

在企业合并中，发行权益性证券的一方因其生产经营决策在合并后被参与合并的另一方所控制的，发行权益性证券的一方虽然为法律上的母公司，但其为会计上被收购方，该类企业合并通常称为"反向收购"。

在"反向收购"中，上市公司即会计上的收购方在其个别财务报表中应当按照《企业会计准则第 2 号——长期股权投资》的相关规定确认长期股权投资的入账价值。编制合并财务报表时计算的合并成本是指如果以发行权益性证券的方式为获取在合并后报告主体的股权比例，应以被购买方的股东发行的权益性证券数量与其公允价值计算为结果。

【案例】A 上市公司原在外发行的普通股为 2,000 万股，现定向非上市 B 公司股东增发 4,000 万股普通股从而获得 B 公司的全部股权，合并前 B 公司发行在外的普通股为 1,200 万股。合并日 A 公司股票的市场价值为 15 元，B 公司股票的市场价值为 30 元，A、B 公司股票的面值均为 1 元，A 公司净资产的公允价值为 1,500 万元。

分析：合并后，B 公司的全部股东持有 A 公司 66.67%（40,000/60,000）的股份，拥有 A 公司的实质控制权，形成反向收购。即 A 公司是法律上的母公司，B 公司是法律上的子公司，B 公司是会计上的收购者，A 公司为会计上的被购买方。

B 公司的合并成本即 B 公司发行本企业普通股在和并购主体享有同样的

股权比例，B公司应发行的普通股股数为600万股（1,200/66.67%），其公允价值为1,800万元。

合并报表中应确认商誉300万元（1,800万元 −1,500万元 =300万元）。

（四）被收购企业母公司的账务处理

根据《企业会计准则第2号——长期股权投资》第三章第十七条规定："处置长期股权投资，其账面价值与实际取得价款之间的差额，应当计入当期损益。"

1. 收购方以库存现金支付收购价款

借：银行存款

　　贷：长期股权投资

　　贷（借）：投资收益

2. 收购方以存货、固定资产、不动产支付收购价款

借：存货、固定资产

　　贷：长期股权投资

　　贷（借）：投资收益

3. 收购方以其子公司股权支付收购价款

借：长期股权投资——X公司

　　贷：长期股权投资——Y公司

　　贷（借）：投资收益

4. 收购方以债权支付收购价款

借：应收账款

　　贷：长期股权投资

　　贷（借）：投资收益

三、股权收购的税务处理

因收购方付出对价方式不同，股权交易行为总体上会涉及企业所得税、个人所得税、营业税、增值税、土地增值税、契税、印花税等多种税种。当收购方以烟酒类存货为支付对价时，还会涉及消费税的缴纳。我们主要分析以下税种在股权转让行为中的计税基础：

（一）股权收购的企业所得税处理

转让股权的股东按其身份不同，缴纳不同税种。当转让股份的股东为自然人、个人独资企业及合伙企业时，应根据《个人所得税法》中关于自然人转让投资企业股权的相关规定征收个人所得税。当转让股份的股东为股份有限公司或有限责任公司时，应缴纳企业所得税。股权收购业务的企业所得税处理分为分别适用一般重组和特殊重组待遇。

1. 企业所得税的一般税务处理

《财政部国家税务总局关于企业重组业务企业所得税处理若干问题的通知》（财税〔2009〕59号）规定，企业股权收购、资产收购重组交易，相关交易应按以下规定处理：被收购方应确认股权、资产转让所得或损失。收购方取得股权或资产的计税基础应以公允价值为基础确定。被收购企业的相关所得税事项原则上保持不变。《国家税务总局关于企业股权投资损失所得税处理问题的公告》（国家税务总局公告2010年第6号）规定，企业对外进行权益性投资所发生的损失，在经确认的损失发生年度，作为企业损失在计算企业应纳税所得额时一次性扣除。

【案例】 2012年7月20日，中信证券发布公告，公司第五届董事会第二次会议决议审议通过了《关于全资子公司中信证券国际有限公司收购里昂证券100%股权的议案》。根据议案，中信证券国际将先期支付3.1032亿美元以完成里昂证券19.9%股权收购的交割，在完成后续交易相关的内部及外部审批程序的基础上，再以9.4168亿美元完成里昂证券剩余80.1%股权的收购。2013年7月31日，中信证券法国东方汇理银行发表公告，里昂证券80.1%股权转让协议（经补充协议修订）的先决条件均已达成或获豁免，本公司全资子公司中信证券国际有限公司（以下简称"中信证券国际"）已完成收购里昂证券剩余80.1%股权的交易，里昂证券成为中信证券国际的全资子公司，由于收购的资产及业务范围发生变化，东方汇理银行最终获得的净对价为8.41亿美元。为满足我国台湾地区监管规定，里昂证券目前在台湾地区的业务不包括在此次收购范围内。该业务将剥离给东方汇理银行所有，并在其旗下继续经营。

2012年7月23日华泰证券今日研报称，里昂证券的最新资产净值为5.62

亿美元，按照目前的100%股权收购的对价12.52亿美元，对应的PB为2.2倍，相对较为合理。此次交易方案与前两次的方案相比更加谨慎合理。因里昂证券尚未上市流通，根据华泰证券研报推断，12.52亿美元应该是里昂证券的市值。①

分析： 中信证券以货币资金收购从法国东方汇理银行收购里昂证券100%股权，构成了股权收购，此次股权收购中不存在股权支付额，未达到企业重组特殊税务处理的条件，故适用于一般税务处理。

收购方中信证券取得里昂证券100%股权的计税基础以其市场价值为基础，即按华泰证券研报结果12.52亿美元的公允价格确认为长期股权投资。此次收购中信证券付出的货币资金与取得的股权对价相等，不存在投资损益。

被收购方里昂证券不做账务处理，其母公司法国东方汇理银行应确认股权转让损益，2012年7月，法国东方汇理出让里昂证券19.9%应确认的股权转让收益1.98482亿（3.1032−5.62×19.9%）。假设2013年7月31日，法国东方汇理银行长期股权投资（里昂证券）账面净值为4.5亿元，则应确认让里昂证券19.9%应确认的股权转让收益3.91亿元（8.41−4.5）。

2. 企业所得税的特殊税务处理

当收购企业购买的股权不低于被收购企业全部股权的50%，且收购企业在该股权收购发生时的股权支付金额不低于其交易支付总额的85%，可以选择按以下规定处理：被收购企业的股东取得收购企业股权的计税基础，以被收购股权的原有计税基础确定；收购企业取得被收购企业股权的计税基础，以被收购股权的原有计税基础确定；收购企业、被收购企业的原有各项资产和负债的计税基础和其他相关所得税事项保持不变。

其中非股权支付对应的资产转让所得或损失＝（被转让资产的公允价值－被转让资产的计税基础）×非股权支付金额/被转让资产的公允价值

【案例】深圳市华新股份有限公司2009年6月以12,500万元收购广东冠

---

① 案例整理自证券时报网（www.stcn.com）、中证网（www.cs.com.cn）、和讯网（hk.stock.hexun.com）相关新闻网页。

华饲料事业公司的全部股权，广东冠华饲料事业公司净评估确认的净资产价值为9,789万元。广东冠华饲料事业公司是广东省顺德市容奇镇经济开发总公司投资4,600万元创办的全资子公司，该公司2008年12月31日的资产账面净值为6,670万元，净评估确认后的机制为9,789万元。深圳华新股份股权支付额为12,000万元（子公司A股权，计税基础为9,000万元），非股权现金支付为500万元[①]。

分析：华新公司收购冠华饲料公司100%股权，获得了冠华饲料公司的控制权，此项交易符合股权收购条件，构成了股权收购行为。

华新公司收购的股权份额超过了50%，且股权支付额占全部对价总额的96%（12,000/12,500），大于85%，符合特殊重组条件，适用于特殊税务处理。容奇镇经济开发总公司从华新公司处取得的12,000万元的股权支付额不缴纳企业所得税，500万元的非股权支付需确认股权转让收益（损失）。

非股权支付对应的股权转让所得＝（12,500－6,670）×500/12,500＝233.2万元

广东冠华饲料事业公司是广东省顺德市容奇镇经济开发总公司应确认股权转让应纳税所得额233.2万元。其取得的新华公司股权的计税基础应按照"所转让资产原有计税基础－收到的非股权支付额＋收到非股权支付额所对应的资产转让所得或损失"确认，即应确认长期股权投资（华新公司）的计税基础为：6,670－500+233.2=6,403.2万元。

华新公司收到的冠华饲料公司股权的计税基础为所付出资产原有的计税基础加上支付的补价，即6,403+500=6,903.2万元

特殊重组的实质是，在进行重组时，对于股权支付的部分，暂不确认相关资产的所得和损失，对于资产的计税基础进行相应的调整。特殊性税务处理方式主要是国家从政策上对企业重组的鼓励，对于适用特殊性税务处理的案例需要符合一系列的目的和条件。

为降低集团企业内部交易的税收成本，促进企业的资源整合和义务重组，财税[2014]109号文第三条赋予了集团企业内部股权及资产划转使用特殊税务处理的权利，划转股权或资产的企业之间符合以下条件的，可以选择适用企业所得税的特殊性税务处理：

---

① 案例选自陈萍生：《资产与股权涉税处理》，中国税务出版社2011年版，第67页。

（一）100%直接控制的居民企业之间，以及受同一或相同多家居民企业100%直接控制的居民企业之间按账面净值划转股权或资产；（二）具有合理商业目的、不以减少、免除或者推迟缴纳税款为主要目的；（三）股权或资产划转后连续12个月内不改变被划转股权或资产原来实质性经营活动；（四）划出方企业和划入方企业均未在会计上确认损益。

对比财税〔2009〕59号文与财税〔2014〕109号文不难发现，新条文大大降低了境内集团企业兼并重组行为适用特殊税务处理的门槛，对于被收购的股权或资产的比例、股权支付方式、被收购股权禁止转让的期限等均没有做出要求。第三条款的出台大大增加了集团企业内部之间股权或资产划转的税收成本，为境内集团企业实施具有合理商业目的的税收筹划提供了广阔空间。

（二）股权收购的个人所得税处理

股权收购交易中，被收购的股权所有者为自然人股东时，被收购股权所对应的股东应确认股权转让收益（损失）。

《中华人民共和国个人所得税法》及其《实施条例》规定，个人股东转让股份有限公司、有限责任公司及其他企业的股权所得，按"财产转让所得"项目以差额征收的方式缴纳20%的个人所得税。

《国家税务总局关于纳税人收回转让的股权征收个人所得税问题的批复》（国税函〔2005〕130号）规定，股权转让合同履行完毕、股权已作变更登记，且所得已经实现的，转让人取得的股权转让收入应当依法缴纳个人所得税。转让行为结束后，当事人双方签订并执行解除原股权转让合同、退回股权的协议，是另一次股权转让行为，对前次转让行为征收的个人所得税款不予退回。《国家税务总局关于个人股权转让过程中取得违约金收入征收个人所得税问题的批复》中就股权转让中的违约收入回复四川地税，股权成功转让后，转让方个人因受让方个人未按规定期限支付价款而取得的违约金收入，属于因财产转让而产生的收入。转让方个人取得的该违约金应并入财产转让收入，按照"财产转让所得"项目计算缴纳个人所得税，税款由取得所得的转让方个人向主管税务机关自行申报缴纳。《国家税务总局关于加强股权转让所得征收个人所得税管理的通知》（国税函〔2009〕285号）等法律法规股权交易各方在签订股权转让协议并完成股权转让交易以后至企业变更股权登记之前，负有纳税义务或代扣代缴义务的转让方或受让方，应到主管税务机关办理纳税（扣缴）申报，并持税务机关开具的股权转让所得缴纳个人所得税完税凭证或免税、不征税证明，到工商行政管理部门办理股权变更登记手续。《国家税务总局关于发布〈股权转让所得个人所得税管理办法（实行）〉的公告》（国税函〔2009〕285号）规定，自然人股东将股权转让给其他个人或法人，需按"财产转让所得"缴纳个人所得税，其中这里的自然人股东为投资于在中国境内成立的企业或组织（不包括个人独企业和合伙企业）。

国税函〔2009〕285号文件明确指出股权转让的七种情形：（一）出售股权；（二）公司回购股权；（三）发行人首次公开发行新股时，被投资企业股东将其持有的股份以公开发行方式一并向投资者发售；（四）股权被司法或行政机关强制过户；（五）以股权对外投资或进行其他非货币性交易；（六）以股权抵偿债务；（七）其他股权转移行为。这七种情形的实质为股权的权属发生了变更，其中股权回购应区分具体情况，适用于本公告股权回购应该主要是指用于股权激励、再转让等情况，如果发生被投资企业权益的减少应该按照撤资和减资进行个人所得税处理。非上市公司发生的向个人股东回购股权业务，应该按照本公告进行税务处理，在上市公司中大量发生的股票回购业务则免征个人所得税。发行人首次公开发行新股时，被投资企业股东将其持有的股份以公开发行方式一并向投资者发售。[①]

【案例】[②]2014年1月发布的《甘肃宏良皮业股份有限公司首次公开发行股票招股说明书》中指出，本次公司公开发行新股1,840万股，公司股东公开发售股份1,870万股，公司本次公开发行股票总量3,710万股，占发行后总股本的25%。持有公司股份的董事朱治海、马德全和张辉阳，根据《公司法》的相关规定，其公开发售的股份数分别为90.06万股、90.06万股和85万股，均不超过其所持有发行人股份总数的25%，其他股东按相同比例发售其部分

---

① 这种情况主要依据的是《首次公开发行股票时公司股东公开发售股份暂行规定》（证监会公告〔2013〕44号）和《关于修改〈首次公开发行股票时公司股东公开发售股份暂行规定〉的决定》（证监会公告〔2014〕11号）

② 案例引自徐贺博客《九个资本市场案例学习股权转让个税的67号公告》一文

股份。

解析： 宏良皮业的老股东中的自然人股东在公开发行时发售的股份应该适用于67号公告的规定，计算缴纳个人所得税。

虽然股权转让收入应当按照"财产转让所得"缴纳个人所得税，国家也多次颁布文件完善和加强股权转让个税的征收。但股权作为纳税人长期持有的生产要素，其增值收益具有隐蔽性，这是由于现行公司法对股权转让的生效采取登记对抗主义，即股权合同生效，纳税人完成股权交易后即产生法律效力，是否去工商管理部门进行股权变更登记并不影响合同的法律效力，因此，纳税人转让股权的时间和金额具有不确定向，税额具有不确定性[①]。此外，由于法律条文本身的模糊性，股权转让收入纳税义务的发生时间难以准确认定。《国家税务总局关于加强股权转让所得征收个人所得税管理的通知》（国税函〔2009〕285号）规定，股权转让所得个人所得税的纳税义务发生时间，应该是股权交易各方签订股权转让协议并完成股权转让交易以后至企业变更股权登记之前，但对于"完成股权转让交易"并无解释。实践中，有的税务机关仍以发生股权变动的企业办理工商变更登记为标准判断纳税义务的发生；有的税务机关则将股权交易双方在转让协议中约定的收款日期，作为纳税义务发生时间。

根据合同法原理，完成股权转让交易是指股权转让的双方当事人均完全地履行了合同项下的义务并取得了相应的权利，具体是指收购方取得了股东资格，被收购方收到股权转让价款，因股权转让价款是否完全支付难以确认，可将收购方股东资格计入被收购公司股东名册的时间作为股权转让交易纳税义务的发生时间。工商部门在进行股权转让登记时，也必须严格执行国税函〔2009〕285号文的规定，将办理股权转让个人所得税完税、免税或不征税手续作为工商变更登记的前置程序。

（三）股权收购的流转税处理

《财政部国家税务总局关于股权转让有关营业税问题的通知》（财税

---

① 鞠洪亮、周文杰："股权转让个人所得税征管的困境与建议"，载《中国税务报》2013年10月23日B02版。

〔2002〕191号）规定："以无形资产、不动产投资入股，与接受投资方利润分配，共同承担投资风险的行为，不征收营业税；对股权转让不征收营业税。"根据《国家税务总局关于股权转让不征收营业税的通知》（国税函〔2000〕961号）精神，企业发生股权转让时，企业本身作为独立核算的经济实体仍然存在（即使企业的股东已全部更换，或企业名称也已改变），其股权转让不会涉及企业的具体不动产、无形资产等资产的所有权发生转移，也就没有发生销售不动产和转让无形资产的行为，因此，这种股权转让行为也不应按"销售不动产"或"转让无形资产"等税目征收营业税。

《增值税暂行条例》第一条规定，在中华人民共和国境内销售货物或者提供加工、修理修配劳务以及进口货物的单位和个人，为增值税的纳税人，应当依照本条例缴纳增值税。因此，转让股权不属于货物的范畴，不在增值税的纳税范围之内。

企业发生股权转让，即不论是企业部分股东将其拥有的部分（或全部）股权转让给企业内的其他股东或企业原股东以外的投资者，还是企业的所有股东将其部分（或全部）股权转让给企业原股东外的投资者，都是企业的所有权发生变化，并未涉及企业的具体不动产、无形资产等资产的所有权发生转移，因此不属于营业税和增值税的征收范围，不缴纳流转税。但是作为资产集合的企业，其所有权发生变动与单项资产所有权发生变动本质上同属于产权转移，应征收流转税。本文认为对单项资产产权转移增收流转税，而对作为集合资产的企业的产权转移不征收流转税易造成税负不公，为避税行为提供了税法空间。

（四）股权收购的土地增值税处理

《土地增值税暂行条例》第二条规定，转让国有土地使用权、地上的建筑物及其附着物并取得收入的单位和个人，为土地增值税的纳税义务人。根据上述规定，股权并不属于土地增值税的纳税范围，不应对被收购企业征收土地增值税。然而，《国家税务总局关于以转让股权名义转让房地产行为征收土地增值税问题的批复》（国税函〔2000〕687号）答复广西壮族自治区地方税务局做出如下通知：鉴于深圳市能源集团有限公司和深圳能源投资股份有限公司一次性共同转让深圳能源实业有限公司100%的股权，且这些以股权形式表现的资产主要是土地使用权、地上建筑物及附着物，经研究，对此应按土地增值税的规定征税①。

由此来看，国家为了防止采用股权转让的形式规避土地增值税，对于土地使用税征收对象的判别采用实质重于形式的原则。完全股权收购中，如果企业净资产主要是土地使用权和不动产，被收购方可能会被按照实质重于形式的原则征收土地使用税。但是对于土地使用权及不动产占被收购股权的比例的征税界限以及采用历史成本还是市场价值等价值计量工具计算这一比例等问题，国家并没有给出明确的政策说明。

（五）股权收购的契税处理

《契税暂行条例》（国务院令〔1997〕224号）规定，在中华人民共和国内转移土地、房屋权属，承受的单位和个人为契税的纳税人，应当按照本条例的规定缴纳契税。本条例所指称转移土地、房屋权属是指下列行为：

(1) 国有土地使用权出让；

(2) 土地使用权转让，包括出售、赠与和交换；

(3) 房屋买卖；

(4) 房屋赠与；

(5) 房屋交换。

由此来看，股权转让并不属于五大土地、房屋权属转移情况。

财税〔2008〕175号文件《财政部国家税务总局关于企业改制重组契税政策若干执行问题的通知》（现已失效）规定，在股权转让中，单位、个人承受企业股权，企业土地、房屋权属不发生转移，不征收契税。财税〔2012〕4号文《财政部、国家税务总局关于企业事业单位改制重组契税政策的通知》第三条规定，股权转让构成企业合并的，不征收契税的情形仅适用于合并后企业法人存续的情况，不包括注销的情况。在执行中，应根据工商管理部门对企业进行的登记认定，除办理新设登记以外，仅办理变更登记或不办理工商登记的均使用该条。

由此看来，对于股权收购的收购方而言，只要收购后无须办理新设登记，

---

① 国家税务总局网站政策法规库。

企业土地、房屋权属不发生转移，便不属于契税的征税范围。

（六）股权收购的印花税处理

《印花税暂行条例》（国务院令〔1988〕11号）第一条规定，在中华人民共和国境内书立、领受本条例所列举凭证的单位和个人，都是印花税的纳税义务人（以下简称纳税人），应当按照本条例规定缴纳印花税。

《财政部国家税务总局关于企业改制过程中有关印花税政策的通知》（财税〔2003〕183号）规定，企业因改制签订的产权转移书据免予贴花。

2008年9月18日财政部颁布《财政部国家税务总局关于证券交易印花税改为单边征收问题的通知》（财税明电〔2008〕2号），为支持金融资本市场发展从2008年9月19日起，调整证券（股票）交易印花税征收方式，将现行的对买卖、继承、赠与所书立的A股、B股股权转让书据按千分之一的税率对双方当事人征收证券（股票）交易印花税，调整为单边征税，即对买卖、继承、赠与所书立的A股、B股股权转让书据的出让方按千分之一的税率征收证券（股票）交易印花税，对受让方不再征税。

从上述文件来看，被收购方需要按照股权转让合同金额的1‰贴花，缴纳印花税。对于以增发扩股方式进行股权收购的收购方，实收资本和资本公积新增的部分需要按照0.5‰税率贴花。

四、股权收购的税收筹划及案例分析

（一）基于收购目的确定收购方式

筹划原理：关于资本收益与资本利得，居民企业与非居民企业适用不同的税收政策。若企业收购目的是长期持有，通过目标企业的生产经营盈利，以居民企业的身份进行直接收购，能够享受更多的节税收益。若股权收购的目的是获得股权增值收益，则通过避税地的子公司进行间接收购更加有利。

相关税收规定：

（1）股息、红利收益

《企业所得税法》第二十六条规定，符合条件的居民企业之间的股息、红利等权益性投资收益为免税收入。《企业所得税法实施条例》第八十三条规定，企业所得税法第二十六条第（二）项所规定的符合条件的居民企业之间的股息、红利等权益性投资收益，是指居民企业直接投资于其他居民企业取得的投资收益。企业所得税法第二十六条第（二）项和第（三）项所称股息、红利等权益性投资收益，不包括连续持有居民企业公开发行并上市流通的股票不足12个月取得的投资收益。

(2) 资本利得

《企业所得税法》规定，在我国资本利得和经营所得统一适用于25%的企业所得税税率。在世界范围内，有部分国家和地区为了吸引外资，带动本地经济发展，不征收所得税，或只征收较低的所得税和资本利得税。新加坡不征收资本利得税，美国的长期资本利得（超过一年）税率为20%。

【案例】 A公司为我国的居民企业，在避税地X国设有子公司B从事分销及投资业务，X国的资本利得税率为15%。A现有富余资金1,000万元可用于投资，投资部门预测居民企业C公司处于发展期，未来几年将有利好消息，现购入其股权，两年后出售，预期税前的投资收益率20%。分析A公司该采用直接投资的方式还是间接投资的方式？

分析：直接投资：A公司直接购买C公司60%的股权，2年后出售，取得的应纳税资本利得收益为1,000×20%=200万元，应缴纳企业所得税为50万元（200×25%）。

间接投资：由A公司在X国的子公司B公司购买C公司60%的股权，出售后，取得的200万元的投资收益适用于15%的低税率，在X国缴纳资本利得税30万元（200×15%），X国的B公司的投资收益要征收我国的预提所得税10%。

A公司进行股权收购目的是获得股权增值收益，采用非居民子公司间接投资的方式对居民企业进行股权收购，可获得节税收益20万元（50-30=20）

（二）支付方式选择的税收筹划

筹划原理：按照支付方式进行划分，股权收购可分为现金收购、股权收购、资产收购、发行证券并购、承担债务并购和综合债券并购。以现金及债券进行的股权收购，收购企业需承担较大的资金压力和债务风险，被收购企业需计算股权转让所得缴纳企业所得税。以存货、固定资产、不动产进行收购，收购方转让资产及货物所有权，需缴纳流转税，转让房屋建筑物还需缴纳土地增值税和契税，被收购方需确认股权转让利得，企业的综合税收成本较高；我国对于股权转让不征收流转税，收购业务符合特殊税务处理条件的，被收购企业对于股权支付部分的资产转让所得可暂不征收企业所得税，获得递延纳税的税收优惠，因此，以股权出资进行股权收购，收购方与被收购方的综合税收成本较低。

【案例】 甲公司为一家上市公司，基于公司的长期稳定发展，计划于2011年12月吸收合并乙公司。在拟合并日乙公司账面净资产为1,200万元，公允价值为1,600万元。甲公司共有已发行的股票4,000万股，股票市值8元/股。甲公司股票面值为1元/股，乙公司账面价值与计税基础相等，并且以前年度无亏损（不考虑印花税，银行年贷款利率为5%，乙公司所在地契税的征收率为3%）。

方案一：甲公司支付2,000万的现金。

方案二：甲公司以其刚完工的厂房出资，公允价值2,000万元，已结转的成本为1,200万元，成本利润率为30%。

方案三：甲公司支付乙公司250万股股票。

基于税收角度对以上三个方案进行比较分析

分析：

方案一：

乙公司需确认股权转让收益，缴纳企业所得税（2,000-1,200）×25%=200万元。

甲公司补足流动资金的税后成本为：2,000×5%×（1-25%）=75万元

甲乙公司的税收总成本为20万元，税后融资成本为75万元，合计为95万元。

方案二：

乙公司需确认股权转让收益，缴纳企业所得税（2,000-1,200）x25%=200万元。

乙公司受让厂房，需缴纳契税2,000×3%=60万元

甲公司转让自建厂房，需按建筑业和销售不动产分别缴纳营业税及附加。甲公司应缴纳营业税及附加：[1,200×（1+30）/（1-5%）×3%+2,000×5%]×（1+10%）=164万元

甲公司转让自建厂房，需缴纳土地增值税。其增值率为（2,000-1,200-164）/1,200=53%，适用40%的税率，应纳税额为（2,000-1,200-164）×40%-1,200×5%=194.4万元。

故甲乙公司的总税收成本为20+60+164+194.4=438.4万元

方案三：

甲公司对乙公司的股权收购比例为100%，股权支付额占支付总额的100%，故符合特殊税务处理条件。

乙企业取得股权的计税基础为原股权的计税基础1,200元，不产生股权转让收益，无须缴纳企业所得税。

甲公司取得乙公司股权的计税基础为乙公司股权原有的计税基础1,200元。甲公司以股权作为对价进行收购不承担流转税和所得税，不产生任何税负。

故以股权作为支付对价，甲乙公司的税收总成本为0。

总结： 从上述分析结果可知，方案二的税收成本最高，方案三的税收成本最低。企业在进行股权收购时，应尽量避免货物和资产作为对价支付，采用股权支付能获得最大的节税收益。

（三）收购项目中介费用的税收筹划

筹划原理：企业收购股权发生的佣金超过税前扣除限额的，可以通过改变交易结构，使股权收购者全额抵扣，即由中介公司先收购目标公司的股权，再以附加佣金的价格将这部分股权出让给收购企业。

相关税收规定：《企业所得税法》规定，除保险企业外，企业佣金扣除限额为与其他具有合法经营资格中介服务机构或个人所签订的合同金额的5%。即企业收购股权而发生的佣金收入可计入长期股权投资成本进行税前扣除的金额为股权转让合同金额的5%。

【案例】 A 企业通过中介公司 C 收购 B 公司 50% 的股权，收购的合同价款为 5,000 万元，以现金支付，并支付 C 公司 500 万元的支付费用，企业将这部分股权确认为长期股权投资并以成本法进行后续计量。3 年后，A 公司以 6,700 万元的价格将 B 公司 50% 的股权转让给 D 公司，并确认股权转让所得缴纳企业所得税。

分析： A 公司发生的股权收购佣金费用占合同价款的 10%（500/5,000），超过了税法规定的扣除比例 5%，因此只有 250 万元可计入长期股权投资成本，所以 A 公司所确认的长期股权投资的初始投资成本为 5,250 元，3 年后转让确认股权转让所得为 1,450 万元（6,700-5,250），应缴纳企业所得税 362.5 万元。

如 C 企业先以 5,000 万元现金收购部 B 企业的股权，A 企业再以 5,500 万元从 C 企业手里收购 B 企业的股权，则 500 万元的佣金费用则可以全部计入长期股权投资的初始成本。3 年后再转让时确认股权转让所得 1,200 万元，应缴纳企业所得税 300 万元，比直接支付佣金的方式获得节税收益 62.5 万元。

（四）先分配后收购的税收筹划

筹划原理： 税法规定对于收购股权的行为适用一般税务处理的，被收购方要确认股权转让所得缴纳所得税；收购方在收购后被分配股息的，需要对这部分股息收入缴纳企业所得税。为缓解重复征税，采用先分配股息后进行股权收购能减轻收购双方的综合税负。

相关税收规定：《企业所得税法实施条例》规定，企业转让股权应确认股权投资转让所得，依法缴纳企业所得税。《个人所得税法实施条例》规定，个人转让股权应按"财产转让所得"项目依 20% 的税率计算缴纳个人所得税。《财政部、国家税务总局关于企业重组业务企业所得税处理若干问题的通知》（财税〔2009〕59 号）规定，被收购方应确认股权、资产转让所得或损失，收购方取得股权或资产的计税基础应以公允价值为基础确定。

【案例】 张三投资 A 企业 100 万元，取得 A 公司的 100% 的股权。

两年后，张三将股份转让给关联人李四，转让价格仍为100万元，转让之时，A公司的净资产为150万元。转让给李四后，A公司分配股利50万元。

分析： 按照《国家税务总局关于加强股权转让所得征收个人所得税管理的通知》的规定，对于平价或低价转让且无正当理由的，税务部门可参照投资企业的净资产核定转让价格，即转让价格应不低于转让时A公司的净资产，即转让价格应不低于150万元，则张三应缴纳个人所得税（150-100）×20%=10万元。李四应缴纳股息红利个人所得税：50×20%=10万元。

如采用先分配再收购股权，张三准备转让A公司股权时，可先让A公司分配股利50万元，张三取得股利应交纳个人所得税：50×20%=10万元，分配股利后A公司的净资产降至100万元，这时候张三再转让股权，张三的股权转让所得为0，无须缴纳企业所得税。

从上述案例可以看出，采用先分配再收购股权，可以降低股权转让价格，从而减少股权转让所得，降低股权转让环节的所得税。

第二节 资产收购

一、资产收购概述

（一）资产收购的定义

资产收购，是指一家企业（以下称为受让企业）购买另一家企业（以下称为转让企业）实质经营性资产的交易。受让企业支付对价的形式包括股权支付、非股权支付或两者的组合[①]，这里非股权支付又可以分为现金支付和以存货、固定资产、无形资产和长期股权投资等非现金支付。

（二）资产收购与股权收购的区别

1. 主体和客体不同

股权收购的主体是收购公司和目标公司的股东，客体是目标公司的股权。

---

① 该定义引自《财政部、国家税务总局关于企业重组业务企业所得税处理若干问题的通知》第一部分第四条。

资产收购的主体是收购公司和目标公司，客体是目标公司的资产。

2. 两者的负债风险不同

股权收购后，收购公司成为目标公司控股股东，收购公司仅在出资范围内承担责任，目标公司的原有债务仍然由目标公司承担，但因为目标公司的原有债务对今后股东的收益有着巨大的影响，因此，股权收购存在一定的负债风险。在资产收购中，资产的债权债务情况一般比较清晰，除了一些法定责任，基本不存在负债的问题。因此资产收购关注的是资产本身的债权债务情况。

3. 税收差异

在股权收购中，纳税义务人是收购公司和目标公司股东，而与目标公司无关。除了合同印花税，适用于一般税务处理的股权收购，目标公司股东需要缴纳股权转让所得部分的所得税。

资产收购中，纳税义务人是收购公司和目标公司本身。根据目标资产不同，纳税义务人需要缴纳不同的税种，主要有增值税、营业税、所得税、契税和印花税等。

4. 政府审批差异

股权收购因目标企业性质的不同，政府监管的宽严程度区别很大。对于不涉及国有股权、上市公司股权收购的，审批部门只有负责外经贸的部门及其地方授权部门，审批要点主要是外商投资是否符合我国利用外资的政策、是否可以享受或继续享受外商投资企业有关优惠待遇。对于涉及国有股权的，审批部门还包括负责国有股权管理的部门及其地方授权部门，审批要点是股权转让价格是否公平、国有资产是否流失。对于涉及上市公司股权的，审批部门还包括中国证券监督管理委员会，审批要点是上市公司是否仍符合上市条件、是否损害其他股东利益、是否履行信息披露义务等。

对于资产收购，因目标企业性质的不同，政府监管的宽严程度也有一定的区别。对于目标企业是外商投资企业的，我国尚无明确法律法规规定外商投资企业资产转让需要审批机关的审批。但外商投资企业资产转让后，其经营范围或内容改变的，根据《关于外商投资企业境内投资的暂行规定》第13条明确规定，"外商投资企业以其固定资产投资而改变原经营规模或内容的，投资前应向原审批机关申请并征得原审批机关的同意。"

二、资产收购的会计处理

资产收购中资产的受让方，借记资产类科目，如"固定资产"、"无形资产"、"存货"等，贷方按照付出对价的方式不同，做不同处理。以现金支付时，贷记"银行存款"或"库存现金"；以固定资产、无形资产支付时，贷记"固定资产"或"无形资产"，并结转已计提的摊销和折旧，计提相应的流转税；以金融资产支付时，贷记"交易性金融资产"、"可供出售金融资产"等；以控股公司的股份支付时，贷记"长期股权投资"；以本公司的股份支付时，贷记"股本"及"股本溢价"。

资产收购中资产的转让方，如果收到的对价是货币性资产，按销售资产处理，如果获得的对价是非货币性资产，按照《企业会计准则第7号——非货币性资产交换》处理。如果收购方支付的对价是股权，资产转让方应将收到的股权确认为"长期股权投资"，其后续计量应该按照《企业会计准则第2号——长期股权投资》的规定按成本法或权益法进行计量。

非货币性资产交换，是指交易双方主要以存货、固定资产、无形资产和长期股权投资等非货币性资产进行的交换。该交换不涉及或只涉及少量的货币性资产（即补价）。这里的货币性资产，是指企业持有的货币资金和将以固定或可确定的金额收取的资产，包括现金、银行存款、应收账款和应收票据以及准备持有至到期的债券投资等。非货币性资产，是指货币性资产以外的其他资产。《企业会计准则第7号——非货币性资产交换》第二章第三条规定，非货币性资产交换同时满足下列条件的，应当以公允价值和应支付的相关税费作为换入资产的成本，公允价值与换出资产账面价值的差额计入当期损益：

（1）该项交换具有商业实质；

（2）换入资产或换出资产的公允价值能够可靠地计量。

换入资产和换出资产公允价值均能够可靠计量的，应当以换出资产的公允价值作为确定换入资产成本的基础，但有确凿证据表明换入资产的公允价值更加可靠的除外。

企业在按照公允价值和应支付的相关税费作为换入资产成本的情况下，

发生补价的，应当按照下列情况分别处理：

（1）支付补价的，换入资产成本与换出资产账面价值加支付的补价、应支付的相关税费之和的差额，应当计入当期损益。

（2）收到补价的，换入资产成本加收到的补价之和与换出资产账面价值加应支付的相关税费之和的差额，应当计入当期损益。

【案例】 A 公司为拓展业务，以本企业 20% 的股权（股本 1,000 万，公允价值为 4,000 万元）作为支付对价，收购 C 公司某固定资产生产线（计税基础 2,000 万元，公允价值 4,000 万元）。C 公司资产 6,500 万元，该交易具有商业实质。

收购方的会计处理：

借：固定资产	40,000,000
贷：股本	10,000,000
资本公积——股本溢价	30,000,000

被收购方的会计处理：

借：长期股权投资	40,000,000
贷：固定资产	20,000,000
应交税费——应交营业税	1,000,000
	[（40,000,000−20,000,000）×5%]
营业外收入	19,000,000

三、资产收购的税务处理

（一）资产收购的所得税处理

资产收购的主体是收购公司和目标公司，客体是目标公司的资产。企业重组处理的税务分为一般税务处理和特殊税务处理，所依托的主要文件是 2009 年 4 月 30 日颁布的《财政部、国家税务总局关于企业重组业务企业所得税处理若干问题的通知》。

1. 资产收购的一般税务处理

文件的第四部分第三条规定，被收购方应确认股权、资产转让所得或损失；收购方取得股权或资产的计税基础应以公允价值为基础确定；被收购企业的相关所得税事项原则上保持不变。

【案例】 甲公司于 2009 年 1 月 1 日将一座厂房及其内部设备全部出售给乙公司，出售资产的账面价值为 1,500 万元，售价为 1,800 万元，经公证处公证该资产的公允价值为 1,800 万元，乙公司用银行存款支付该款项。乙公司在收购该项资产后立即投入了使用。

分析：

被收购方甲公司应确认资产转让所得：1,800－1,500＝300 万元，应缴纳企业所得税：300×25%＝75 万元。

收购方乙公司应按 1,800 万元将该厂房及内部设备计入本公司的固定资产，其计税基础为其公允价值 1,800 万元。

2. 资产收购的特殊税务处理

资产收购，受让企业收购的资产不低于转让企业全部资产的 50%，且受让企业在该资产收购发生时的股权支付金额不低于其交易支付总额的 85%，可以选择按以下规定处理：转让企业取得受让企业股权的计税基础，以被转让资产的原有计税基础确定；受让企业取得转让企业资产的计税基础，以被转让资产的原有计税基础确定。

转让方取得的非股权支付资产所对应的转让所得或损失 =（被转让资产的公允价值 － 被转让资产的计税基础）×（非股权支付金额 ÷ 被转让资产的公允价值）

转让方取得股权的计税基础 = 所转让资产原有计税基础 + 支付的补价（减去收到的非股权支付额）+ 收到非股权支付额所对应的资产转让所得或损失

【案例】[①] 甲公司是一家大型纺织品生产企业，为扩展生产经营规模，决定收购同城的纺织企业乙公司，为避免整体合并后承担过高的债务风险，甲公司决定仅收购乙公司与纺织品生产直接相关的所有资产。2009 年 5 月 1

---

① 宋科："论企业重组中资产收购业务的会计及所得税处理"，载《企业导报》2012 年第 5 期。

日，双方达成收购协议。2009年4月30日，乙公司的所有资产情况如表1所示。

表1 乙公司的所有资产情况（单位：万元）

类别	账面价值	计税基础	公允价值	备注
设备	4,000	4,500	5,500	收购
厂房	3,000	3,400	9,000	收购
库存商品	1,000	1,100	500	收购
货币资金	850	150	150	不收购
合计	8,850	9,150	15,150	

2009年4月15日，乙公司所有资产评估后的资产总额为15,150万元，甲公司以乙公司经评估后的资产总价值15,000万元为准。甲公司向乙公司支付的对价包括股权支付、债券和现金，见表2。

表2 甲公司支付对价明细（单位：万元）

类别	账面价值	计税基础	公允价值
股权支付	6,250	6,250	14,000
债券	400	450	800
现金	200	200	200
合计	6,850	6,900	15,000

分析：

甲公司收购乙公司部分资产是为了扩大经营规模，且承诺收购资产后，除进行必要的设备更新，在连续12个月内仍用该套资产从事纺织品生产，因此，该项交换具有商业实质。

甲公司收购乙公司资产的比例占乙公司全部资产的99%（15,000/15,150），股权支付金额占总支付对价的93%（14,000/15,000），符合资产收购的特殊税务处理条件。

转让企业乙公司①取得非股权支付对应的资产转让所得=1,000×(15,000−9,000)/15,000=400（万元），乙公司应缴纳企业所得税400×25%=100（万元）。②转让企业取得受让企业支付对价的计税基础=9,000（被转让资产计税基础

+400（转让产生的应纳税所得额）-1,000=8,400（万元）

收购方甲公司取得的经营资产的计税基础=8,400（股权原有的计税基础）+800（非现金资产的公允价值）+200（现金）=9,400万元

注意：关于合伙企业、个人独资企业和自然人作为资产收购的转让方和被转让方的税务处理，现有的法律法规并未做出明确的规定。

（二）资产收购的流转税处理

由于资产收购后，资产的所有权发生了变化，所以，税收上需要做视同销售处理缴纳各种税收。

1. 营业税的税务处理

《中华人民共和国营业税暂行条例》规定，在中华人民共和国境内提供本条例规定的劳务（以下简称应税劳务）、转让无形资产或者销售不动产的单位和个人，为营业税的纳税义务人（以下简称纳税人），应当依照本条例缴纳营业税。故资产转让方转让无形资产、不动产的行为属于营业税的纳税范围，但须区分不同情况。

（1）接受利润分配，共担风险

《财政部国家税务总局关于股权转让有关营业税问题的通知》（财税〔2002〕191号）明确规定，以无形资产、不动产投资入股，参与接受投资方利润分配，共同承担投资风险的行为，不征收营业税。《营业税税目注释（试行）》（国税发〔1993〕149号）第八、九条中与本通知内容不符的规定废止。

（2）不共担风险收取固定利润

《国家税务总局关于以不动产或无形资产投资入股收取固定利润征收营业税问题的批复》（国税函发〔1997〕490号）规定，根据《营业税税目注释》的有关规定，以不动产或无形资产投资入股，与投资方不共同承担风险，收取固定利润的行为，应区别以下两种情况征收营业税：第一，以不动产、土地使用权投资入股，收取固定利润的，属于将场地、房屋等转让他人使用的业务，应按"服务业"税目中"租赁业"项目征收营业税；第二，以商标权、专利权、非专利技术、著作权、商誉等投资入股，收取固定利润的，属于转让无形资产使用权的行为，应按"转让无形资产"税目征收营业税。

以土地使用权入股，合作建房的行为，是否征收营业税需区分不同情况。《国家税务总局关于印发〈营业税问题解答（之一）〉的通知》（国税函发〔1995〕156号）第十七条对合作建房中营业税征收的问题，明确如下：以土地使用权入股，接受利润分配，共担风险的行为，不征收营业税；以土地使用权入股，不共担风险，按销售收入的一定比例提成的方式参与分配，或提取固定利润，所收取的固定利润或从销售提成的收入按"转让无形资产"征税；如果房屋建成后双方按一定比例分配房屋，则对投资入股的土地使用权按"转让无形资产"收税。

企业之间资产无偿划转行为不征收营业税，《国家税务总局关于鞍山集团转让部分资产产权不征收营业税问题的批复》（国税函〔2004〕316号）对此问题予以明确。《营业税税目注释》规定，营业税的征税范围是有偿转让无形资产和不动产的行为，故无偿转让资产不在营业税征税范围之内。

《关于纳税人资产重组有关营业税问题的公告》（国税函〔2011〕51号）规定，纳税人在资产重组过程中，通过合并、分立、出售、置换等方式，将全部或者部分实物资产以及与其相关联的债权、债务和劳动力一并转让给其他单位和个人的行为，不属于营业税征收范围，其中涉及的不动产、土地使用权转让，不征收营业税。新规定自2011年10月1日起执行。

2. 资产收购的增值税税务处理

《中华人民共和国增值税暂行条例》第一条规定，在中华人民共和国境内销售货物或者提供加工、修理修配劳务以及进口货物的单位和个人，为增值税的纳税人，应当依照本条例缴纳增值税。资产收购中转让企业通过转让资产取得了经济利益，对于以固定资产、存货投资的行为，需按销售处理缴纳增值税。

【案例】 A公司于2009年11月与B公司签订资产收购协议，A公司收购B公司一项专利技术（账面价值1,500万元，公允价值2,000万元）和一套生产线（2009年1月购进并投入使用，账面价值3,300万元，公允价值4,000万元）。A公司的收购对价包括银行存款4,000万元和一批存货（账面价值1,500万元，公允价值2,000万元），两公司均为增值税一般纳税人。

分析：A公司需要缴纳增值税：2,000×17%=340（万元）

《国家税务总局关于纳税人资产重组有关增值税问题的公告》规定，纳税人在资产重组过程中，通过合并、分立、出售、置换等方式，将全部或者部分实物资产以及与其相关联的债权、负债和劳动力一并转让给其他单位和个人，不属于增值税的征税范围，其中涉及的货物转让，不征收增值税。

由此来看，通过合并、分立、出售、置换等方式，将全部或者部分实物资产以及与其相关联的债权、负债和劳动力一并转让给其他单位和个人，既不属于增值税的征税范围，也不属于营业税的征税范围，其中涉及的货物转让，不征收增值税；涉及的不动产、土地使用权转让，不征收营业税。

（三）资产收购的土地增值税处理

为了规范土地、房地产市场交易秩序，合理调节土地增值收益，维护国家权益，《中华人民共和国土地增值税暂行条例》（国务院令第138号）规定，转让国有土地使用权、地上的建筑物及其附着物并取得收入的单位和个人，为土地增值税的纳税义务人，应当依照本条例缴纳土地增值税。

《财政部关于对1994年1月1日前签订开发及转让合同的房地产征免土地增值税的通知》（财法字〔1995〕7号）规定，1994年1月1日以前已签订的房地产开发合同或已立项，并已按规定投入资金进行开发，其在1994年1月1日以后五年内首次转让房地产的，免征土地增值税。签订合同日期以有偿受让土地合同签订之日为准。《财政部、国家税务总局关于土地增值税一些具体问题规定的通知》（财税字〔1995〕48号）规定，对于以房地产进行投资、联营的，投资、联营的一方以土地（房地产）作价入股进行投资或作为联营条件，将房地产转让到所投资、联营的企业中时，暂免征收土地增值税。对投资、联营企业将上述房地产再转让的，应征收土地增值税。对于一方出地，一方出资金，双方合作建房，建成后按比例分房自用的，暂免征收土地增值税；建成后转让的，应征收土地增值税。在企业兼并中，对被兼并企业将房地产转让到兼并企业中的，暂免征收土地增值税。

从上述法规来看，对于资产收购中，被收购方转让土地使用权及房屋建筑物的行为，国家暂免征收土地增值税，收购方再次转让时，需缴纳土地增值税。

（四）资产收购的契税处理

《中华人民共和国契税暂行条例》（国务院令第 224 号）在中华人民共和国境内转移土地、房屋权属，承受的单位和个人为契税的纳税人，应当依照本条例的规定缴纳契税。资产收购中被收购的资产为土地、房屋的，属于契税的征税范围。

《国家税务总局关于以项目换土地等方式承受土地使用权有关契税问题的批复》（国税函〔2002〕1094 号）规定，根据现行契税政策规定，土地使用权受让人通过完成土地使用权转让方约定的投资额度或投资特定项目，以此获取低价转让或无偿赠与的土地使用权，属于契税征收范围，其计税价格由征收机关参照纳税义务发生时当地的市场价格核定。从上述批复文来看，以土地使用权换取注资的行为属于《中华人民共和国契税暂行条例》所规定的转移土地、房屋权属行为中的"土地使用权的转让，包括出售、赠与和交换"。

在资产收购中，以货币资金为对价获取被收购方的土地、房屋所有权，属于购买行为；以非货币资金为对价获取被收购方的土地、房屋权属，属于交换行为。二者均发生了土地、房屋权属的转移，收购方需按照收购合同中土地、房屋的作价缴纳契税，合同价格不公允的，按照市价作为计税基础。

四、资产收购的税收筹划及案例分析

（一）目标企业并购类型的税收筹划

筹划原理：企业的并购类型是基于企业的战略计划制定的，分为横向并购和纵向并购。横向并购会导致企业生产经营规模的扩大，改变企业的纳税人身份，适用于增值率较低，存在大量可抵扣税额的企业，适用于增值税纳税人。纵向并购是以实现生产经营一体化为目标，有利于较少中间环节的营业税和消费税，适用于营业税及消费税纳税人。

相关知识补充：横向并购是指，将经营业务相同或相似的企业选择为并购的目标企业，形成规模经济，同时也有利于消除行业竞争。纵向并购，是指企业将位于产业上游的供应商或者产业下游的客户选择为目标企业的

并购行为，从而实现上下游经营一体化，可增强企业的产业结构，实现连续式经营。

【案例】 某市区甲企业专门生产粮食白酒，甲企业委托乙企业每月为其加工酒精6吨，粮食由委托方提供，发出粮食成本510,000元，支付加工费60,000元，以银行存款支付。受托方无同类酒精销售。甲企业收回白酒全部用于连续生产套装礼品白酒100吨，每吨不含税售价30,000元，当月全部实现销售。同市的丙企业有一条专门生产粮食白酒的生产线，占其资产总额的50%，该生产线每月可生产同类套装礼品白酒50吨。分别分析横向并购和纵向并购对企业税收负担的影响。

方案一：纵向并购，甲企业吸收合并乙企业。

方案二：横向并购，甲企业购买丙企业的白酒生产线。

分析：

现状下企业的税收负担：

根据国家税法规定，对外购或委托加工应税酒和酒精生产的白酒，其外购酒及酒精已纳税款或受托方代收代缴税款不予抵扣。所以甲企业需要缴纳的各项税费如下：

销售套装礼品白酒需缴纳消费税 =100×30,000×20%+100×2,000×0.5=700,000元

销售套装礼品白酒需缴纳增值税 =100×30,000×17%−51,000×13%=443,700元

销售套装礼品白酒需缴纳城建税及教育费附加 =（700,000+443,700）×（7%+3%）=114,370元

受托方代收代缴消费税 =（510,000+60,000）/（1−5%）×5%=30,000元

受托方代收代缴城建税及教育费附加 =30,000×（7%+3%）=3,000元

甲乙企业的税收总成本为700,000+443,700+114,370+30,000+3,000=1,291,070元

甲乙企业的税收总成本占甲企业销售收入总额的比例为：1,291,070/（100×30,000）=43%。

方案一：

如果甲企业兼并乙企业，那么之前"外购或委托加工应税消费品"变为

"自产应税消费品",而自产应税消费品用于连续生产应税消费品是不征税的。甲企业通过并购税收筹划可以节省税费 33,000 元。

甲乙企业的税收总成本为：700,000+443,700+114,370=1,258,070 元

甲乙企业的税收总成本占甲企业销售收入总额的比例为：1,258,070/（100×30,000）=41.9%。

方案二：

如果甲企业收购乙企业的白酒生产线，每月的生产成本和产量都会增加 50%，故甲乙企业的税收总成本也会增加 50%，为 1,291,070×（1+50%）=1,936,605 元，占甲企业销售收入总额的比例为 1,291,070×（1+50%）/[100×30,000×（1+50%）]=43%。

从上述计算过程可以看出，对于连续生产应税消费品且不可抵扣上一环节消费税的纳税人来说，纵向收购比横向收购更有利于节省税收成本。

（二）收购完成后被企业组织结构选择的税收筹划

筹划原理：收购完成后，收购企业可选择将目标企业变为子公司或分公司。若将目标企业作为并购方的一个附属子公司，进行独立会计核算，可根据自身情况结合税法优惠条件，选择适用较低的公司所得税税率，适用于被收购企业规模较小或具有税收优惠的情况。如果预期被收购企业在初期投资大，回报低，有大额亏损出现，收购公司应选择将被收购企业变为分公司，以享受集团内部盈余补亏的税收优惠。

相关知识链接：分公司是总公司依法设立的，以总公司名义进行生产经营，其法律后果由总公司承担的分支机构；子公司是受母公司控制的，但其生产经营、财务管理等是独立核算的企业法人。

【案例】2012 年 4 月，甲公司出资 1,500 万元收购高新技术企业乙公司一套计算机芯片生产设施及其他附属设备，这套设备占乙公司资产总额的 95%，其他附属设备占乙公司资产总额的 5%，乙公司净资产的账面价值为 1,200 万元，预计收购后乙企业因为有了雄厚的资金支持和甲公司良好的管理经验，将有良好的收益前景，收购后的第一年盈利 700 万元，预期以后每年

将以40%的速度增长,请问甲公司收购乙公司后应该选择将乙公司变为分公司还是子公司?

分析:

方案一: 收购后,甲公司将乙公司变为分公司,则乙公司第一年的利润700万元需要缴纳企业所得税175万元。

方案二: 收购后,甲公司将乙公司变为自己的子公司,收购后的乙公司不改变其经营范围,仍属于高新技术行业,适用15%的企业所得税税率。则甲公司享有的乙公司的利润应按15%的税率缴纳企业所得税,乙公司的应纳税额为105万元,比采用分公司的形式减少了70万元。

从上述案例可以看出,若被收购企业与收购企业不在同一地区或者不属同一行业,适用于行业或地区的税收优惠政策,或者被收购企业规模较小,可申请小规模纳税人适用低税率,则选择收购后采用子公司的形式管理被收购企业更为有利。

五、资产收购的综合案例

筹划原理: 资产整体交易是企业整合经营业务、优化资产结构的一种常见的经营行为,在公司收购、兼并、分立等经营行为中发生的较为频繁。企业可以通过资产整体交易进行战略重组,以达到多样化经营的目标,或发挥经营、管理、财务上的协同作用,使企业取得更大的竞争优势。资产整体交易与单个资产交易在税务处理上有着较大差别。

【案例】 B公司拥有一块120亩的土地,购入单价为10万元/亩,土地账面价值为1,200万元。B公司负债为700万元;注册资金为1,000万元;账面累计亏损额为500万元且在税法规定的弥补期限内。该土地现行市场价值为2,000万元。A公司欲取得该土地来满足扩大生产经营的需要,现与B公司协商,有三种方案。假定契税税率为3%。

方案一: A公司直接用2,000万元资金购入B公司的土地。

方案二: A公司用1,300万元现金对B公司进行整体并购(存续合并),合并后B公司为A公司的子公司,A公司取得B公司的所有资产和负债。

方案三：A公司发行股票220万股，每股发行价格5元，面值1元，加上200万元现金对B公司进行吸收合并。

分析：

方案一：

1.B公司纳税情况

（1）应交营业税=2,000×5%=100（万元）

（2）应交城建税及教育费附加=100×（7%+3%）=10（万元）

（3）土地增值税：增值额与扣除项目金额的比率=800/1,200=67%，适用40%的税率）

应交土地增值税=（2,000-1,200）×40%-1,200×5%=260（万元）

（4）应交企业所得税=（2,000-1,200-100-10-260）×25%=107.5（万元）

（5）应纳税费总额=100+10+260+107.5=477.5（万元）

B公司转让土地后股东权益价值为1,000-500+2,000-1,200-477.5=822.5万元。

2.A公司纳税情况

（1）应交契税=2,000×3%=60（万元）

（2）A公司购买土地的实际支出2,060万元。

A、B公司的实际税负总额=477.5+60=537.5（万元）

方案二：

1.B公司纳税情况

（1）营业税：不需要交纳。

相关法律法规：《关于纳税人资产重组有关营业税问题的公告》（国税函〔2011〕51号）规定，纳税人在资产重组过程中，通过合并、分立、出售、置换等方式，将全部或者部分实物资产以及与其相关联的债权、债务和劳动力一并转让给其他单位和个人的行为，不属于营业税征收范围，其中涉及的不动产、土地使用权转让，不征收营业税。新规定自2011年10月1日起执行。

（2）土地增值税：不需要交纳。

（3）B公司的净资产=1,200-700+1,000-500=1,000（万元）

应交纳企业所得税=（1,300-1,000）×25%=75（万元）

相关法律法规：此次收购A公司以现金支付全部对价，不满足特殊税务处理条件。《财政部、国家税务总局关于企业重组业务企业所得税处理若干问题的通知》（财税〔2009〕59号）文件的第四部分第三条规定，被收购方应确认股权、资产转让所得或损失；收购方取得股权或资产的计税基础应以公允价值为基础确定；被收购企业的相关所得税事项原则上保持不变。

（4）B公司土地转让后股东权益价值为1,300-75=1,225万元。

（5）B公司所需交纳的税负总额为75万元。

2.A公司纳税情况

（1）契税：不需要交纳。

相关法律法规：《财政部、国家税务总局关于企业改制重组若干契税政策的通知》（财税〔2008〕175号）规定：两个或两个以上的企业，依据法律规定、合同约定，合并改建为一个企业，且原投资主体存续的，对其合并后的企业承受原合并各方的土地、房屋权属，免征契税。

（2）A公司实际支出2,000万元（1,300万元现金和承担700万元负债）。

A、B公司的税负总额为75万元。

方案三：

1.B公司纳税情况

（1）营业税：不需要交纳。

相关法律法规：《关于纳税人资产重组有关营业税问题的公告》（国税函〔2011〕51号）规定，纳税人在资产重组过程中，通过合并、分立、出售、置换等方式，将全部或者部分实物资产以及与其相关联的债权、债务和劳动力一并转让给其他单位和个人的行为，不属于营业税征收范围，其中涉及的不动产、土地使用权转让，不征收营业税。新规定自2011年10月1日起执行。

（2）土地增值税：不需要交纳。

（3）企业所得税：A公司的股权支付比例为1,100/1,300=85%，符合特殊税务处理的条件。应交企业所得税=（1,300-1,000）×25%×200/1,300=11.54万元

相关法律法规：《财政部国家税务总局关于企业重组业务企业所得税处理若干问题的通知》（财税〔2009〕59号）规定，资产收购，受让企业收购的资产不低于转让企业全部资产的75%，且受让企业在该资产收购发生时的股权

支付金额不低于其交易支付总额的85%，可以选择按以下规定处理：转让企业取得受让企业股权的计税基础，以被转让资产的原有计税基础确定；受让企业取得转让企业资产的计税基础，以被转让资产的原有计税基础确定。

转让方取得的非股权支付资产所对应的转让所得或损失＝（被转让资产的公允价值－被转让资产的计税基础）×（非股权支付金额÷被转让资产的公允价值）

转让方取得股权的计税基础＝所转让资产原有计税基础＋支付的补价（减去收到的非股权支付额）＋收到非股权支付额所对应的资产转让所得或损失

（4）B公司土地转让后股东权益价值为：220×5+200-11.54=1,288.46（万元）。

（5）B企业的税负总额为11.25万元。

2.A公司纳税情况

（1）应交契税＝2,000×3%＝60（万元）

（2）A公司可以利用B公司未弥补亏损抵减以后年度应纳税额，抵减金额为：125万元（500×25%）。

（3）A公司的税负总额为60-125=-65（万元）。

（4）A公司实际支出1,935万元（1,100万元股票＋200万元现金-65万元所得税抵减＋700万元负债）。

（5）A、B公司的税负总额为-48.75万元。

从上述分析结果来看：

	B公司税负总额	A公司税负总额	A与B公司税负总额合计	并购后B公司股东的所有者权益	A公司的实际支出
方案一	477.5	60	537.5	822.5	2,060
方案二	75	0	75	1,225	2,000
方案三	11.25	-65	-48.75	1,288.46	1,935

通过比较合并后A、B公司的税收负担、B公司股东的所有者权益及A公司的实际支付额可知，方案三优于方案二，方案二优于方案一。整体转让资产能让并购双方获得更大的税收优惠，并且在被收购企业存在亏损的情况

下，采取分公司的形式比采取子公司的形式管理收购后的企业更有利。

第三节 企业合并

一、企业合并概述

（一）企业合并概念

企业合并有广义和狭义之分，从广义上说，企业合并是指两个或者两个以上的企业通过产权交易组成新的经济集团，通过企业资源的重新配置或整合达到改善企业经营效率、实现财务目标等目的。广义上的企业合并包括三种形式：吸收合并、新设合并和控股合并。从狭义上说，企业合并产权交易后仅存在单一的经济主体，包括新设合并和吸收合并两种形式。

本书依据《公司法》对合并的定义，基于狭义上的企业合并的定义将其分为新设合并和吸收合并。吸收合并是指一家公司吸收其他公司，且被吸收公司解散；新设合并是指超过两家公司合并成立新公司，原合并各方各自解散。

（二）企业合并与资产收购、股权收购比较

资产收购是企业与企业之间的资产交易，交易双方都是企业。股权收购是一家企业为实现对另一家或几家企业的控制而进行的股权收购。而企业合并是一家企业取得另外一家或几家企业全部资产负债的行为，是合并方与被合并方股东之间的交易。企业合并、资产收购和股权收购都是企业在激烈的市场竞争中立足并谋求发展的战略手段，从其定义中我们可以做出以下比较：

第一，交易的主体不同。资产收购交易的双方都是企业；而企业合并和股权收购是一家企业与另一家企业股东之间的交易。

第二，交易的对象不同。资产收购的交易对象是一家企业的实质经营性资产；股权收购是一方为实施控制而取得另一方股权的交易；而企业合并是参与交易的一方转让其全部资产负债的经济事项。

第三，交易的结果不同。资产收购和股权收购不涉及被收购企业法律主体资格的变更或者法律权利义务的承接；而合并业务发生后被合并方法律主体地位消失。

二、企业合并的会计处理

基于企业合并经济业务的性质和合并前各主体关系的不同，合并业务会计方法主要分为以下两种，权益结合法和购买法。

权益结合法认为参与合并的企业在合并前后均受同一方或相同的多方最终控制并且这种控制是非暂时性的，企业合并是权益结合而不是购买，其实质是参与企业合并的各方的所有股东联合起来控制他们的全部净资产，并且继续共同承担整个会计主体的风险和收益。从最终控制方的角度来看，其在企业合并发生前后能控制的净资产价值量并没有发生变化，有关交易事项不进行出售或者购买。根据企业会计准则的规定：同一控制下的企业合并采用权益结合法。

购买法是指通过转让资产、承担负债或者发行股票等方式，由一个企业即购买方获得另一个企业即被购买方的净资产或经营活动控制权的活动。购买法将企业合并看作是购买被购买方的净资产的活动，如同购买机器设备、存货等经营活动。根据企业会计准则的规定，非同一控制下企业合并采用购买法。

（一）同一控制下的企业合并会计处理

参与合并的企业在合并前后均受同一方或相同的多方最终控制且该控制并非暂时性的，为同一控制下的企业合并。

合并方在企业合并中取得的资产和负债，应当按照合并日在被合并方的账面价值计量。合并方取得的净资产账面价值与支付的合并对价账面价值（或发行股份面值总额）有差额时，应当调整资本公积；资本公积不足冲减的，调整留存收益。

合并方为进行企业合并发生的各项直接相关费用，包括为进行企业合并而支付的审计费用、评估费用、法律服务费用等，应当于发生时计入当期损益。

为企业合并发行的债券或承担其他债务支付的手续费、佣金等，应当计入所发行债券及其他债务的初始计量金额。企业合并中发行权益性证券发生的手续费、佣金等费用，应当抵减权益性证券溢价收入，溢价收入不足冲减的，冲减留存收益。

（二）非同一控制下的企业合并会计处理

参与合并的各方在合并前后不受同一方或相同的多方最终控制的，为非同一控制下的企业合并。

购买方应当区别下列情况确定合并成本：一次交换交易实现的企业合并，合并成本为购买方在购买日为取得对被购买方的控制权而付出的资产、发生或承担的负债以及发行的权益性证券的公允价值；通过多次交换交易分步实现的企业合并，合并成本为每一单项交易成本之和；购买方为进行企业合并发生的各项直接相关费用也应当计入企业合并成本；在合并合同或协议中对可能影响合并成本的未来事项作出约定的，购买日如果估计未来事项很可能发生并且对合并成本的影响金额能够可靠计量的，购买方应当将其计入合并成本。

购买方在购买日对作为企业合并对价付出的资产、发生或承担的负债应当按照公允价值计量，公允价值与其账面价值的差额，计入当期损益。

购买方在购买日应当对合并成本进行分配，确认所取得的被购买方各项可辨认资产、负债：购买方对合并成本大于合并中取得的被购买方可辨认净资产公允价值份额的差额，应当确认为商誉；购买方对合并成本小于合并中取得的被购买方可辨认净资产公允价值份额的差额，应当按照下列规定处理：对取得的被购买方各项可辨认资产、负债及或有负债的公允价值以及合并成本的计量进行复核，经复核后合并成本仍小于合并中取得的被购买方可辨认净资产公允价值份额的，其差额应当计入当期损益。

三、企业合并的税务处理

（一）涉税特征

产权重组和纳税主体的改变是企业合并的主要涉税特征。

1.因产权重组而涉税

企业合并是关于资源的重新配置问题，在这一过程中产权在不同的法人之间转移，转移时会涉及两类税收问题，即流转税和所得税。企业合并的过程涉及众多的经济行为与交易环节。如果合并过程中有商品或劳务交易的行为，企业则有可能要交纳相关的流转税。事实上，由于国家政策的导向性，针对企业重组行为，流转税政策中给予了较多的税收优惠，该类优惠政策在下文讲解企业合并涉及的各类税种中会详细阐述。产权转移后对资产转让涉及的收益企业需要交纳所得税。对长期持有的非流动资产的转让所得，国际上一般视为资本所得，税收上为了鼓励长期投资，并且考虑到纳税必要资金的原则，往往有减税、免税、延缓纳税等措施。按照国内税法的相关规定，由于产权转移而取得的资产转让所得，企业应按相应税率交纳企业所得税。资产转让可以扣除的项目包括资产的历史成本、费用、税金等。资产转移即使没有获得现金对价，但仍然有相关视同销售的规定。如果需要确认资产转移损失，还分为自行扣除和税务机关审批两种处理方式。可以看出，国家对于产权转移的所得税重视程度较高，相关税收规定也比较多，涉及的处理方法也较为复杂。

2. 因纳税主体改变而涉税

企业合并后纳税主体已经改变，例如新设合并或吸收合并的情况下，要么是重新确认一个纳税人，要么是其中一个纳税人消失，另外一个纳税人继承所有纳税义务。纳税人身份的改变可能导致其适用的税收政策变化，从而承担不同的税负。不同纳税主体在税收待遇上的差异性在企业所得税法中主要体现在税率上。企业合并如果引起了纳税主体的改变，就有可能产生税收待遇上的变化，因此企业应该在并购过程中充分考虑纳税人身份的选择问题，结合国家的政策导向，合理选择纳税人的主体性质。

（二）涉及税种

1. 流转税

在企业合并中，目标企业是因为转让企业的全部产权而涉及的应税货物的转移，因此不需交纳流转税。

《国家税务总局关于纳税人资产重组有关增值税问题的公告》（国家税务总局公告 2011 年第 13 号）规定："纳税人在资产重组过程中，通过合并、分立、出售、置换等方式，将全部或者部分实物资产以及与其相关联的债权、负债和劳动力一并转让给其他单位和个人，不属于增值税的征税范围，其中涉及的货物转让，不征收增值税。"《国家税务总局关于纳税人资产重组有关增值税问题的公告》（国家税务总局公告 2013 年第 66 号）规定："纳税人在资产重组过程中，通过合并、分立、出售、置换等方式，将全部或者部分实物资产以及与其相关联的债权、负债经多次转让后，最终的受让方与劳动力接收方为同一单位和个人的,仍适用《国家税务总局关于纳税人资产重组有关增值税问题的公告》(国家税务总局公告2011年第13号)的相关规定,其中货物的多次转让行为均不征收增值税。资产的出让方需将资产重组方案等文件资料报其主管税务机关。"

《国家税务总局关于纳税人资产重组有关营业税问题的公告》(国家税务总局公告2011年第51号)规定:"纳税人在资产重组过程中,通过合并、分立、出售、置换等方式,将全部或者部分实物资产以及与其相关联的债权、债务和劳动力一并转让给其他单位和个人的行为,不属于营业税征收范围,其中涉及的不动产、土地使用权转让,不征收营业税。"

2. 所得税

所得税是指个人所得税与企业所得税。

(1) 个人所得税

如果企业股东为自然人,或者企业属于个人独资企业或合伙企业,则涉及个人所得税的相关规定。根据《财政部、国家税务总局关于企业重组业务企业所得税处理若干问题的通知》(财税〔2009〕59号)规定,符合特殊重组业务的企业合并,根据《国家税务总局关于发布〈企业重组业务企业所得税管理办法〉的公告》(国家税务总局公告2010年第4号)规定,被合并方是不需要进行清算的。在会计账务处理中,被合并方资产、负债、所有者权益中有关数据,基本上按原账面数额移植到合并方企业,在此过程中"未分配利润"没有发生分配行为,不需征收个人所得税;如果在免税重组过程中,合并方账务处理时对"未分配利润"做了转增股本处理,则需要征收个人所得税。

(2) 企业所得税

根据《中华人民共和国企业所得税法》、《中华人民共和国企业所得税法实施条例》、《关于企业重组业务企业所得税处理若干问题的通知》(财税〔2009〕59号)、《关于企业清算业务企业所得税处理若干问题的通知》(财税〔2009〕60号)以及《企业重组业务企业所得税管理办法》(国家税务总局公告2010年第4号)等指导性文件的有关规定,企业合并业务的所得税处理按其所满足条件分为特殊性税务处理和一般性税务处理。

1）特殊性税务处理

特殊性税务处理的适用条件

根据《关于企业重组业务企业所得税处理若干问题的通知》（财税〔2009〕59号）文件的有关规定，企业重组同时符合下列条件的，适用特殊性税务处理：第一，具有合理的商业目的，且不以减少、免除或者推迟交纳税款为主要目的。第二，企业重组后的连续12个月内不改变重组资产原来的实质性经营活动。第三，企业重组中取得股权支付的原主要股东，在重组后连续12个月内，不得转让所取得的股权。第四，企业股东在该企业合并发生时取得的股权支付金额不低于其交易支付总额的85%，以及同一控制下且不需要支付对价的企业合并。

特殊性税务处理的方法

《关于企业重组业务企业所得税处理若干问题的通知》（财税〔2009〕59号）规定：合并企业接受被合并企业资产和负债的计税基础，以被合并企业的原有计税基础确定。被合并企业合并前的相关所得税事项由合并企业承继。其中，对税收优惠政策承继处理问题，凡属于依照《企业所得税法》第五十七条规定中就企业整体（即全部生产经营所得）享受税收优惠过渡政策的，合并或分立后的企业性质及适用税收优惠条件未发生改变的，可以继续享受合并前各企业或分立前被分立企业剩余期限的税收优惠。合并前各企业剩余的税收优惠年限不一致的，合并后企业每年度的应纳税所得额，应统一按合并日各合并前企业资产占合并后企业总资产的比例进行划分，再分别按相应的剩余优惠计算应纳税额。合并前各企业或分立前被分立企业按照《企业所得税法》的税收优惠规定以及税收优惠过渡政策中就有关生产经营项目所得享受的税收优惠承继处理问题，按照《企业所得税法实施条例》第八十九条规定执行。

可由合并企业弥补的被合并企业亏损的限额＝被合并企业净资产公允价值 × 截至合并业务发生当年年末国家发行的最长期限的国债利率。

被合并企业股东取得合并企业股权的计税基础，以其原持有的被合并企业股权的计税基础确定。

重组交易各方对交易中股权支付暂不确认有关资产的转让所得或损失的，其非股权支付仍应在交易当期确认相应的资产转让所得或损失，并调整相应资产的计税基础。

非股权支付对应的资产转让所得或损失＝（被转让资产的公允价值－被转让资产的计税基础）×（非股权支付金额÷被转让资产的公允价值）

在企业吸收合并中，合并后的存续企业性质及适用税收优惠的条件未发生改变的，可以继续享受合并前该企业剩余期限的税收优惠，其优惠金额按存续企业合并前一年的应纳税所得额（亏损计为零）计算。

2) 一般性税务处理

一般性税务处理的适用条件

企业合并不符合特殊性税务处理的条件，或者虽符合特殊性处理的条件，但没有选择按特殊性处理的，采取一般性税务处理。

一般性税务处理的方法

《关于企业重组业务企业所得税处理若干问题的通知》（财税〔2009〕59号）规定：合并企业应按公允价值确定接受被合并企业各项资产和负债的计税基础。被合并企业的亏损不得在合并企业结转弥补。

被合并企业及其股东都应按清算进行所得税处理。具体来说企业全部资产的可变现价值或交易价格减除清算费用、职工的工资、社会保险费用和法定补偿金、结清清算所得税、以前年度欠税等税款、清偿企业债务，按规定计算可以向所有者分配的剩余资产。

被清算企业的股东分得的剩余资产的金额，其中相当于被清算企业累计未分配利润和累计盈余公积中按该股东所占股份比例计算的部分，应确认为股息所得；剩余资产减除股息所得后的余额，超过或低于股东投资成本的部分，应确认为股东的投资转让所得或损失。

在企业吸收合并中，合并后的存续企业性质及适用税收优惠的条件未发生改变的，可以继续享受合并前该企业剩余期限的税收优惠，其优惠金额按存续企业合并前一年的应纳税所得额（亏损计为零）计算。其中，合并各方企业涉及享受《企业所得税法》第五十七条规定中就企业整体（即全部生产经营所得）享受的税收优惠过渡政策尚未期满的，仅就存续企业未享受完的税收优惠，按照规定执行；注销的被合并未享受完的税收优惠，不再由存续企业承继；新设合并企业不得再承继或重新享受上述优惠。合并各方企业按照

《企业所得税法》的税收优惠规定和税收优惠过渡政策中就企业有关生产经营项目的所得享受的税收优惠承继问题，按照《企业所得税法实施条例》第八十九条规定执行。

3. 土地增值税

《财政部、国家税务总局关于土地增值税一些具体问题规定的通知》（财税字〔1995〕48号）规定："在企业兼并中，对被兼并企业将房地产转让到兼并企业中的，暂免征收土地增值税。"

对合并企业将上述房地产再转让的，应征收土地增值税。这里对于将上述房地产再转让会涉及土地增值税的扣除问题。合并企业将上述房地产再转让多为旧房，而旧房的土地成本扣除是按土地使用权所支付的地价款确定。通常认为，兼并企业将上述房地产再转让所扣除的地价是兼并企业取得被兼并企业的地价，而不是被兼并企业购置的土地使用权的地价。被兼并企业将房地产转让到兼并企业时，暂免征收土地增值税，不能因为兼并企业将上述房地产再转让而征收已经免征的部分。

4. 契税

《财政部、国家税务总局关于企业事业单位改制重组契税政策的通知》（财税〔2012〕4号）规定："两个或两个以上的公司，依据法律规定、合同约定，合并为一个公司，且原投资主体存续的，对其合并后的公司承受原合并各方的土地、房屋权属，免征契税。"

5. 印花税

《财政部国家税务总局关于企业改制过程中有关印花税政策的通知》（财税〔2003〕183号）规定："以合并或分立方式成立的新企业，其新启用的资金账簿记载的资金，凡原已贴花的部分可不再贴花，未贴花的部分和以后新增加的资金按规定贴花。合并包括吸收合并和新设合并。分立包括存续分立和新设分立。"

（三）企业合并的会计与税务处理差异

企业合并会计核算和税务处理分别是依据《企业会计准则——企业合并》和税法的相关规定。两者的出发点不同，因此对于企业合并业务类型划分界限明显不同。企业会计准则是站在会计基本假设之一的会计主体假设的角度，从控制主体出发，通过不同控制主体的区别归类，更侧重于对企业所有权的关注，其目的主要是让相关合并信息从更清晰的主体角度，将真实财务状况和经营成果反映给信息使用者。而税法在分类时，则是站在宏观调控的角度，从量能课税和贯彻国家政策方针的原则出发，对有合理商业目的的合并予以支持，对以合并方式实施避税的行为加以规范，达到保障国家利益和纳税人的合法权益、维护正常经济秩序、促进经济发展的目的。

1. 会计准则和税务规范中对企业合并业务的界定

《企业会计准则——企业合并》对企业合并的界定是：企业合并是将两个或两个以上单独的企业合并形成一个报告主体的交易或事项。是否形成合并，关键要看相关交易或事项发生以后，是否引起报告主体的变化。企业合并主要包括三种形式：控股合并、吸收合并和新设合并。

国家税务总局《关于企业合并分立业务有关所得税问题的通知》（国税法〔2000〕119号，现已失效）中规定，企业合并是指一家或多家企业（被合并企业）将全部资产和负债转让给另一家现存或新设企业（合并企业），被合并企业股东换取合并企业的股权或非股权支付，实现两个或两个以上的企业依法合并。

由此可以看出，会计准则中企业合并业务范围比税法相关文件中所定义的合并范围更广。新颁布的企业会计准则与税法相关文件对于企业合并界定的交集是吸收合并和新设合并。而控股合并所得税称之为股权收购，主要是在《关于企业股权投资业务若干所得税问题的通知》（国税发〔2000〕118号，现已失效）以及《关于企业重组业务企业所得税处理若干问题的通知》（财税〔2009〕59号）中，作为企业的一种投资方式进行规范的。

2. 企业合并会计核算与税法处理差异分析

（1）吸收合并和新设合并下税务与会计处理的比较

会计核算和税务处理上的差异主要源于两者对企业合并处理方法的认定不同。具体表现在会计准则对企业合并采用购买法和权益结合法，而税法中包括免税合并和应税合并。

会计处理中，对于同一控制下的企业合并采用权益结合法进行处理，被合并方的资产按照账面价值作为合并后的入账成本，而非同一控制下的企业合并采用购买法进行处理，被合并方的资产和负债按照合并日公允价值入账。税法中,企业合并过程中合并方支付的对价中股份支付超过85%以上的,从被合并方取得的净资产按照原账面价值确认;如果股份支付低于85%,则取得的净资产按照公允价值计量。因此,同一控制下企业合并并且合并方支付的对价中股份支付额占85%以上的,合并企业记录的被合并方资产账面价值与计税基础一致,即被合并方资产原账面价值;非同一控制下企业合并并且合并方支付的对价中股份支付额占85%以下的,合并企业记录的被合并方资产账面价值与计税基础一致,即合并日被合并方资产公允价值。而同一控制下企业合并但合并方支付的对价中股份支付额占85%以下的,被合并方的资产按照原账面价值入账,而计税基础为其公允价值;非同一控制下企业合并但合并方支付的对价中股份支付额占85%以上的,被合并方的资产按照公允价值入账,而计税基础为原账面价值。因此,当会计中资产的账面价值与税法中要求的计税基础不一致的情况下,将会产生暂时性差异。

综上所述,同一控制下吸收合并,合并企业接受被合并企业资产和负债的会计入账价值和税法上计税基础可总结如表3所示。由于新设合并下,合并各方解散而共同设立新的企业,因此不存在合并方和被合并方,但是新成立企业的相关资产、负债的计量仍然可以参考吸收合并下资产和负债的计量方式。

表3　吸收合并下被并企业资产和负债入账价值与计税基础比较

同一控制下企业吸收合并			
免税合并		应税合并	
入账价值	计税基础	入账价值	计税基础
被合并方资产负债的账面价值	被合并方资产负债的账面价值	被合并方资产负债的账面价值	被合并方资产负债的公允价值
非同一控制下企业吸收合并			
免税合并		应税合并	
入账价值	计税基础	入账价值	计税基础
被合并方资产负债的公允价值	被合并方资产负债的账面价值	被合并方资产负债的公允价值	被合并方资产负债的公允价值

(2) 控股合并下税务与会计处理的比较

长期股权投资计税基础与账面价值的比较。企业会计准则将控股合并分为同一控制下与非同一控制下的企业合并。根据《财政部、国家税务总局关于企业重组业务企业所得税处理若干问题的通知》（财税〔2009〕59号）以及《财政部、国家税务总局关于促进企业重组有关企业所得税处理问题的通知》（财税〔2014〕109号）的规定，如果股权收购交易不满足特殊税务处理条件的，则购买方以支付的股权和非股权资产的公允价值作为长期股权投资的计税基础。而在特殊税务处理下，以股权支付方式获取的长期股权投资的计税基础为被收购企业原计税基础中所占的份额，以非股权方式获取的长期股权投资的计税基础为支付的非股权资产的公允价值。二者之和为税法中确定的长期股权投资的计税基础。因此，控股合并下长期股权投资的账面价值与计税基础之间存在明显差异。两者的比较可归纳如表4所示。

表4 长期股权投资的计税基础与账面价值比较

	长期股权投资入账价值						
会计准则	同一控制下的控股合并				非同一控制下的控股合并			
	按照被购买方相对于控制方账面价值中所占的份额入账				按照支付对价的公允价值入账			
税务处理政策	一般税收处理	特殊税收处理			一般税收处理	特殊税收处理		
适用政策	股权收购比例低于50%	股权收购比例高于50%			股权收购比例低于50%	股权收购比例高于50%		
		股权支付比例低于85%	股权支付比例超过85%			股权支付比例低于85%	股权支付比例超过85%	
			非股权支付部分	股权支付部分			非股权支付部分	股权支付部分
计税基础	以公允价值为基础			原计税基础	以公允价值为基础		原计税基础

(3) 会计准则与税法相关规定的差异比较

会计准则与税法相关规定之间的差异可以分为以下四种情况：

1) 同一控制下的一般性税务处理

合并方在合并中不产生新的资产和负债,股权收购按照账面价值计量,合并中不确认损益,合并差额调整所有者权益项目。被收购企业的股东应确认股权转让所得或损失。

【案例】 2013年9月,A公司通过定向增发股票,向B公司发行30,000万股A股(账面价值为1元/股,增发价7元/股),收购其持有的C公司40%股权。收购完成后,C公司将成为A公司的控股子公司。C公司成立时的注册资本为80,000万元,其中A公司的出资金额为20,000万元,出资比例为25%,B公司的出资金额为60,000万元,出资比例为75%。收购日,C公司的公允价值为100,000万元。根据相关法律法规,B公司承诺本次认购的股票自发行结束之日起36个月内不上市交易或转让。A公司、C公司适用的所得税税率均为25%。

分析:此项股权收购完成后,A公司将达到控制C公司的目的,因此符合《财政部、国家税务总局关于企业重组业务企业所得税处理若干问题的通知》中的股权收购的定义。但由于A公司只收购了C公司的40%股权,没有达到50%的要求,因此应当适用一般性税务处理。被收购企业的股东B公司,应确认股权转让所得。

股权转让所得=取得对价的公允价值-原计税基础=7×30,000-80,000×40%=178,000万元;因此B公司就其股权转让应纳的所得税为:=178,000×25%=44,500万元。

A公司取得(对C公司)股权的计税基础应以公允价值为基础确定,即210,000万元(7×30,000万元),账面价值为32,000万元(80,000万元×40%),计税基础大于账面价值,确认可抵扣暂时性差异178,000万元。

A公司购买股权会计分录为:

借:长期股权投资——C公司　　　　　　　32,000
　　贷:实收资本　　　　　　　　　　　　30,000
　　　　资本公积　　　　　　　　　　　　 2,000

企业所得税处理为:

借：递延所得税资产　　　　　　　　　　　　　　44,500
　　贷：资本公积　　　　　　　　　　　　　　　　　　44,500

2) 同一控制下且不存在非股权支付的特殊性税务处理

【案例】 如果其他条件不变，B公司将转让的股权份额提高到75%，并且转让其持有的全部C公司的股权，那么由于此项交易同时符合《通知》中规定的五个条件，因此可以选择特殊性税务处理。被收购企业的股东B公司，暂不确认股权转让所得。收购方A公司取得（对C公司）股权的计税基础应以被收购股权的原有计税基础确定，即60,000万元（80,000万元×75%）。被收购企业C公司的相关所得税事项保持不变。

分析：这种情况下，收购方股权的计税基础与账面价值一致，没有产生递延所得税项目。

A公司购买股权的会计分录为：

借：长期股权投资——C公司　　　　　　　　　　60,000
　　贷：实收资本　　　　　　　　　　　　　　　　　　30,000
　　　　资本公积　　　　　　　　　　　　　　　　　　30,000

3) 同一控制下且存在非股权支付的特殊性税务处理

该情况下，非股权支付额应在交易期确认相应的资产转让所得或损失，并调整相应资产的计税基础。

【案例】 2013年5月，甲公司与乙公司为同一控制关系，甲公司向乙公司定向增发了152万股（账面价值为1元/股，股价为4元/股）和支付了67.6万元人民币，购买其持有的丙公司80%的股权，丙公司的法人资格保留，甲公司与丙公司适用的所得税税率为25%。收购日，丙公司权益账面价值为500万元，公允价值为950万元。

分析：甲公司支付对价中股权支付占全部支付额比例为90%［152×4/（152×4+67.6）×100%］，大于85%，符合特殊税务处理条件。根据《通知》，乙公司应确认非股权支付对应的资产所得36万元{（950×80%-500×80%）× [67.6/（152×4+67.6）]}，并应调整相应资产的计税基础，但对于应如何调整相应资产的计税基础，条文并未明确。按照所得税对等理论，被收购企业股东应以被收购企业股权的原计税基础加上非股权支付额对应的股权转让所得，作为取得的股权支付额和非股权支付额的计税基础。其中，非股权支付额的计税基础应为公允价值，所以取得收购企业股权的计税基础应为被收购企业股权的原计税基础加上非股权支付额对应的股权转让所得减去非股权支付的公允价值。甲公司购买的乙公司股权计税基础为436万元（500×0.8+36），股权账面价值为400万元，计税基础大于账面价值，确认可抵扣暂时性差异36万元。

甲公司购买的股权会计处理为：（单位：万元）

借：长期股权投资——丙公司　　　　　　　　400
　　贷：实收资本　　　　　　　　　　　　　152
　　　　资本公积——股本溢价　　　　　　　180.4
　　　　银行存款　　　　　　　　　　　　　67.6

企业所得税处理为：

借：资本公积　　　　　　　　　　　　　　　7.9
　　贷：递延所得税负债　　　　　　　　　　7.9

4）非同一控制下的特殊性税务处理

【案例】 承上例，若丙公司与乙公司无同一控制关系，甲公司购买的股权计税基础为360万元，账面价值为675.6万元（152×4+67.6），计税基础小于账面价值，确认应纳税暂时性差异315.6万元，其他条件不变。

甲公司购买股权的会计处理为：

借：长期股权投资——丙公司　　　　　　　　675.6
　　贷：实收资本　　　　　　　　　　　　　152
　　　　资本公积——股本溢价　　　　　　　456
　　　　银行存款　　　　　　　　　　　　　67.6

企业所得税处理为：

借：资本公积　　　　　　　　　　　　　　　　　78.9
　　贷：递延所得税负债　　　　　　　　　　　　　　78.9

通过对以上企业合并过程中会计核算和税务处理的分析，对于特殊性处理（免税合并）我们可以发现：所谓免税合并，并非真正意义上的免税，而是对合并过程中被并企业转移的资产暂时免税，将来转让这些资产仍然按照原计税成本结转，原增值的部分将在这时得以反映并被征税。所以，采用特殊性处理进行合并属于递延纳税的规定，在会计上表现为时间上的差异，但从时间价值角度考虑，这种递延纳税能够为合并各方带来经济利益。另外，免税合并方式下，合并企业可以抵免被并企业未弥补完的亏损，相对于应税合并而言，这种政策能够降低企业税负的绝对额。

（四）企业合并业务税务处理与会计处理方法选择的关系

通过以上对企业合并过程中会计核算方法和税务处理方法的介绍，以及对合并业务中会计处理和税务处理差异的对比，我们可以对企业合并的会计处理与税务处理方法之间的关系得出结论：

1. 会计处理方法的选择基本不会影响合并各方的实际应纳税额

企业合并的会计处理方法的选择影响企业所得税应纳税所得额的主要前提是：对于同一企业合并业务，不同的会计处理方法将会导致不同的当期或者以后期间的会计利润；同时税法承认这种选择所导致的不同会计利润，并且对此未作出任何限制。但是实际业务中，这个前提条件基本得不到满足。第一，《企业会计准则——企业合并》对于企业合并的会计处理方法的选择有严格的要求。第二，针对企业合并业务，税法中专门制定了一般税务处理和特殊税务处理，并且这两种方法在适用范围、应纳税所得额的计算、计税成本的确定等各个方面完全独立于会计处理方法，并不依赖于会计核算的结果。因此在企业合并业务中，会计处理方法的选择基本上不会影响到实际的应纳税额。

2. 会计处理方法的选择会影响税务处理的难度

通过以上对会计核算方法和税务处理的差异以及调整的论述，我们可以发现两者不对应时的纳税调整多于对应时的调整。一般来说，同一控制下企业合并所采用的购买法与税务处理上的应税合并对应，非同一控制下企业合并中权益结合法与税务处理上的免税合并类似。如果换股合并的各方采用免税合并进行税务处理，而会计上采用权益结合法，那么各方几乎不需要调整，若采用购买法，则将会涉及换入资产计税基础的调整、被并企业股东股权收益的调整以及合并商誉减值损失的调整等。这将会增加合并各方税务处理难度。

四、企业合并的税收筹划及案例分析

（一）目标企业选择的税收筹划

1. 目标企业所在行业的选择

企业合并方式按行业划分可分为横向合并、纵向合并和混合合并。企业进行横向合并是为了扩大生产规模，减少竞争对手，消除重复建设从而增大其所占市场份额，实现其规模经济。例如，2011年百威英博啤酒集团横向收购辽宁大连大雪啤酒股份有限公司100%的股权，其目的就是加强其在辽宁地区的啤酒市场地位，完善在中国的业务格局。由于横向合并并未使企业所在的行业发生改变，所以企业的纳税税种和纳税环节也没有发生太大的变化，但可能会改变所得税纳税人的属性，如合并企业选择小型微利企业为目标企业可能会由于企业规模的扩大，使目标企业不再符合小型微利企业标准，造成所得税率的上调。

纵向合并是指生产和经营上互为上下游关系的企业间的合并，从而扩大了企业的有效边界，使原本发生在企业之间的交易行为转化为企业的内部交易行为，以降低交易成本。从税收的角度来看，纵向合并也可能和横向合并一样，会引起企业由于规模扩大造成企业的纳税人属性发生变化的问题，但是纵向合并减少了增值税纳税环节，此外由于进行合并的企业之间生产的产品不同，纵向合并改变了纳税主体属性、纳税税种和纳税环节。

混合合并是指在生产和职能上无任何关系的两家及以上企业之间的合并。企业进行混合合并的目的是通过合并实现企业多元化发展的战略，同时也为了减少企业仅在一个行业所带来的特有风险。联想收购汉普国际就是混合合并的典型案例，它从IT制造行业跨入了IT咨询行业。从税收的角度来看，混合合并由于跨越到了另一个行业，其对合并企业的税收影响是最大的，它

会影响纳税主体的属性，同时相应的纳税税种和纳税环节也会发生变化，导致相关适用税率的变化。

我国《新企业所得税法》提出了"以产业倾斜为主，以地区倾斜为辅"的税收政策，说明我国对行业优惠政策的重视。具体优惠政策有对从事农、林、牧、渔业项目的所得税免征或减半；企业从事港口码头、机场、铁路、公路、电力、水利等基础设施项目的投资经营所得税给予三免三减半的优惠；企业从事符合条件的环境保护、节能节水项目的所得税给予三免三减半的优惠等。

因此，企业在选择合并的目标企业时，应综合我国税法对行业的相关税收优惠政策，选择符合条件的目标企业最大范围内享受税收优惠。

2. 目标企业所在地区的选择

由于我国各地区经济发展程度的不同导致各地区经济、资源的分配不均，为了保证各地区经济发展的均衡性，减少各地区之间的差异性，我国税法实施了地区的相关税收优惠政策。虽然颁布的新企业所得税法降低了地区性优惠，但是仍然对某些地区特别是西部大开发和民族自治地区提供了区域性税收优惠，如对在西部地区新办的交通、电力、水利、邮政、广播电视企业，上述项目收入占企业总收入70%以上的，自开始生产经营之日起，第一年至第二年免征企业所得税，第二年至第五年减半征收企业所得税；民族自治地方的内资企业可以定期减半或免征企业所得税等。

因此合并企业可利用我国税法颁布的这些区域性优惠政策来进行目标企业定位，从而降低企业整体的应纳税所得额，进而使合并企业因税收优惠政策享受到税收收益。

3. 目标企业经营状况选择

如果企业合并情况满足特殊性税务处理相关条件，即合并企业取得的股权支付金额不低于其交易支付总额的85%且属于同一控制下，不需要支付对价的企业合并，那么被合并企业合并前的相关所得税事项由合并企业承继，可由合并企业弥补的被合并企业亏损的限额＝被合并企业净资产公允价值×截至合并业务发生当年年末国家发行的最长期限的国债利率。特殊性税务处理具有一定程度的免税优惠。

因此，企业在选择目标企业时，可选择一家净经营亏损累积较大的企业进行合并，同时合并时尽量符合特殊性税务处理条件，这样通过亏损弥补可实现企业应纳所得额的减少，降低企业的税收负担。但是企业并不能为了减税而实施合并，应结合自身的长远发展战略，灵活运用税收筹划，使合并成本尽可能地降到最低。

总之，目标企业的选择是企业进行合并的前提，在选择目标企业时还应结合税收问题综合考虑，根据企业发展战略，对目标企业所在行业，所在地区及经营状况进行具体分析，做出有效的税收筹划方案，降低企业的合并成本，实现企业合并的价值最大化目标。

（二）合并支付方式选择的税收筹划

1. 现金购买式

现金购买式是指企业通过支付现金购入被合并企业的全部资产和负债，以取得对被合并企业的所有权，或者企业支付现金购入被合并企业的股票以取得对其的控制权。根据我国税法相关规定，其税务处理方式均属于一般性税务处理，即俗称的应税合并。合并企业以被合并企业资产和负债的公允价值作为计税基础，被合并企业应对其资产转让所得交纳所得税，合并企业不能结转弥补被合并企业的亏损。

现金购买式下对于被合并企业而言是税负最重的一种支付方式，被合并企业应对其转让资产利得交税。对于合并企业而言，被合并企业的亏损不能在合并企业结转弥补，但是企业可利用资产的公允价值和账面价值不同，提高企业资产折旧的计税基础，进而通过折旧获得抵税收益。现金购买式可采用分期支付现金的方式来减轻税收负担，进而获得节税利益。分期付款一方面可以使合并企业减轻其短期现金负担，保证现金流的合理运转；另一方面也可以使被合并企业的股东推迟支付税款，给他们带来税收利益。

2. 承担债务式

承担债务式是指当被合并企业的资产与负债基本相等，即净资产几乎为零时，合并企业以承担被合并企业全部债务的方式实现吸收合并。这属于产权交易行为，被合并企业不视为按公允价值转让、处置全部资产，不计算资产的转让所得。同时涉及转让不动产或货物时也无须交纳营业税和增值税。合并企业接受被合并企业全部资产的成本，须以被合并企业原账面净值为基础确定。被合并企业的股东视为无偿放弃所持有的旧股。

由此可知，被合并企业及其股东均不用缴纳所得税，税负负担较于另外两种支付方式是最轻的。此外，如果被合并企业的债务中存在着部分计息债务，那么在这种支付方式下，合并企业就因债务利息抵税获得节税利益。

3. 股票交换式

股票交换式是指合并企业向目标企业发行股票以换取目标企业的股票或资产，取得目标企业的控制权。采用股票交换的支付方式，对合并方而言，首先，可以利用合并中关于亏损抵减的规定，获得绝对节税利益。其次，合并方不需要支付大量的现金，不会大量占用企业的营运资金。与现金支付方式相比，股权交换方式对双方影响较轻。但同时，对合并企业来说，可能会造成股权的稀释，增加企业合并后因股利分配而导致的现金流出。

4. 综合支付

综合支付是指并购企业并购目标企业时，使用包括现金支付、股权支付、债务支付或认股权证，可转换债券等多种形式的组合进行支付，我国资本市场中的综合支付方式往往是现金支付和股权支付相结合。

依据我国税法相关规定，非股权支付金额占合并总额的比例，即15%是税务处理方法的一个分界点。若所占比例大于15%，则适用于一般性税务处理。在这种情况下，合并企业按评估后的公允价值作为被合并企业资产的计税基础，那么当其公允价值大于原来的账面价值时，合并企业就可获得折旧抵税收益。若所占比例小于15%，则适用于特殊性税务处理。此时，被合并企业资产的计税基础依然是其账面价值，那么就不需要确认资产转让所得，进而不用交纳企业所得税。同时，合并企业还可弥补被合并企业的亏损（弥补限额＝被合并企业资产的公允价值×截至合并业务发生当年年末国家发行的最长期限的国债利率），进而减少了合并企业应交纳的所得税额。

【案例】2013年12月某A上市公司吸收合并B公司，合并日B公司账面净资产为600万元（账面价值与计税基础相等），公允价值为800万元，2012年亏损为80万元（以前年度无亏损）。A公司共有已发行的股票4,000万股（面值为1元/股），股票市值4元/股。经双方协商以下两种方案可供选择：

方案一：A公司以180万股股票和80万元人民币作为支付对价；

方案二：A公司支付100万股股票和400万元人民币合并B公司。

分析：

假定税务机关认定此合并行为符合财税〔2009〕59号中特殊税务处理的五个基本条件，则如果采用方案一，A公司在合并中股权支付金额=1,800,000×4÷（1,800,000×4+800,000）=90%＞85%，符合"不低于其交易支付总额的85%"，因此，符合特殊税务处理的规定条件。按照税法规定，A公司接受被B公司资产和负债的计税基础，以被合并企业的原有计税基础确定，暂不确认所得或损失。同时，B公司的相关所得税事项由A公司承继，因此，对于B公司股东接受的非股份支付部分应当缴纳企业所得税=（800-600）×（80÷800）×25%=5万元。

如果采用方案二，由于A公司在合并交易时的股权支付金额=100×4÷（100×4+400）=50%＜85%，不满足特殊性税务处理条件，因此，只能按照一般性税务处理的相关规定进行处理。即A公司应按公允价值确定接受B公司各项资产和负债的计税基础，B公司及其股东都应按清算进行所得税处理。因此，B公司应就转让所得缴纳所得税，应缴纳的所得税为（100×4+400-600-80）×25%=30万元。

显然，在不考虑其他因素的情况下，方案一是更好的选择。

当然，在企业合并所得税筹划的过程中不能单独考虑递延纳税或者利用亏损弥补，也不能单独考虑合并方或者被合并方各自的利益，而应该将整个合并业务视为整体综合分析，寻找一个最佳方案。

（三）税务处理方式选择的税收筹划

对于合并企业来说，并非任何时候选择特殊性税务处理在合并当期的税负总是较低的。

【案例】A公司2012年12月31日资产负债表中有银行存款1,000万元,固定资产2,000万元,存货4,000万元,负债6,000万元,净资产1,000万元。其中,净资产的构成有三种情况:实收资本为3,000万元与未分配利润-2,000万元;实收资本500万元与未分配利润500万元;实收资本5,000万元与未分配利润-4,000万元。经评估,A公司评估增值2,000万元,其他资产与负债的金额不变。A公司的所得税税率为25%。B公司合并A公司后,预计原A公司的净资产产生的利润足以在2013年补亏。合并时,以A公司2012年12月31日评估后的净资产为依据进行。B公司的所得税税率为25%。B公司有两种处理方式:一种是一般性税务处理,另一种是特殊性税务处理。

假设采用一般性税务处理,B公司付出的出资金额为A公司评估后的净资产值。B公司支付现金3,000万元给A公司的股东,同时获得A公司的资产价值(计税成本)为3,000万元。假设采用特殊性税务处理,B公司付出的股权金额为3,000万元。B公司所得的资产公允价值为3,000万元,但计税成本为1,000万元,此差异会导致2013年所得税汇算中多缴纳企业所得税为:(3,000-1,000)×25%=500万元。在考虑弥补亏损的情况下,A公司三种所有者权益不同组合方式,有如下结论:实收资本为3,000万元与未分配利润-2,000万元时,A公司依法可弥补的亏损-2,000万元可以抵扣B公司的应纳税所得额,B公司2013年因补亏少交企业所得税500万元(2,000×25%)。此时B公司因进行合并现金流入为0(500-500),两种方法效果相同。实收资本500万元,未分配利润500万元的情况,此时B公司因此次合并多纳企业所得税500万元,此时宜采用一般性税务处理。实收资本5,000万元,未分配利润-4,000万元时,经分析可以得出,B公司2013年因补亏少交企业所得税金额为1,000万元(4,000×25%),此时B公司特殊性税务处理可多抵扣应纳税所得额500万元(1,000-500)。

从以上分析可以看出,在以合并公司为主题进行税务分析时,一般而言,当被合并公司依法可弥补亏损额等于资产评估增值额时,两种处理方式对企业所得税影响相同。当依法可弥补亏损金额大于资产评估增值额时,采用特殊性税务处理有利;反之,应采用一般性税务处理方式。

五、企业合并的综合案例

本案例以国内上市公司——梅花生物科技集团股份有限公司 2012 年的合并事项为背景，进一步做了企业合并案例分析。

（一）案例描述

合并方：梅花生物科技集团股份有限公司旗下的全资子公司——通辽梅花生物科技有限公司

梅花生物科技集团股份有限公司（以下简称"梅花生物"）成立于 2002 年 4 月，注册资本 26 亿元，于 2010 年年底在上海证券交易所上市，股票代码 600873。梅花生物以生物发酵为主，主营业务包含生产经营味精和氨基酸两个领域，年产味精量已达 50 万吨，其产品行销全球 50 多个国家和地区，可称为全球最大的味精制造企业之一。其味精也被农业部绿色食品办公室认定为"绿色食品"。同时该公司也是世界氨基酸品类最多的企业之一，产品涵盖食品类、医药类和饲料类氨基酸等领域。该集团积极响应国家产业政策，以发展新型的氨基酸产品和绿色健康的调味品为战略目标，拓展其终端消费市场。

梅花生物旗下的全资子公司——通辽梅花生物科技有限公司（以下简称"通辽梅花"），注册资本为 10 亿元，位于通辽市木里图镇科尔沁工业园区，以生产和销售味精、氨基酸为主。它是中国最大的氨基酸制造企业，被国家农业部授予"农业产业化重点龙头企业"。公司自成立以来也带动了当地经济社会的发展，解决了 6,000 多名农民的就业和增收问题，此外，通辽梅花因位于西部的高新技术企业，根据有关政策批复，该公司的所得税率为 15%。

被合并方：河北德瑞淀粉有限公司

河北德瑞淀粉有限公司（以下简称"德瑞淀粉"），成立于 2004 年 8 月，属于一家玉米收储公司，其注册资本为 940 万元，位于内蒙古通辽市，铁路运输四通八达，交通便利，地理位置优越。通辽玉米品质优良，产量大，素有玉米粮仓之称。公司主要经营产品有玉米淀粉，玉米蛋白粉，玉米粗纤维，玉米胚芽等。由于自身企业经营管理不善，导致企业近年来亏损严重，该公司仍处于停产状态，发展陷入困境。截至 2011 年 7 月，净利润为 –83 万元。

支付方式

合并前，通辽梅花聘请评估机构对德瑞淀粉的资产进行了有效评估，评估结果如下表，其中，无形资产中土地使用权增值较大，主要原因是土地使用权取得时间较早且是以协议价格购买，所以取得价格较低。通辽梅花合并前的净利润为 5,000 万元，最长期限的国债利率为 5%。

表 5　德润淀粉资产评估表（单位：万元）

项　目	账面价值	评估价值	增值额
流动资产	3,680	3,693	13
非流动资产	2,217	3,547	1,330
其中固定资产	1,798	1,917	119
无形资产	420	1,630	1,210
资产总计	5,897	7,240	1,343
负债总计	5,900	5,359	–541
净资产	–3	1,881	1,884

同时，经过双方协商，确定通辽梅花支付 250 万元现金和发行 310 万股股票获取德瑞淀粉 100% 股权（合并时通辽梅花的股票市价为 5 元/股，共有 55,000 万股股票）。

（二）税务分析

1. 所得税

（1）合理商业目的原则的判定

梅花生物进行合并业务的直接动因是为了保障公司的主要原材料即玉米的供应，提升其对玉米的收储、加工能力。且其全资子公司通辽梅花和德瑞淀粉都位于通辽市，那么此次合并就降低了企业的成本。深层分析，两公司的合并属于纵向合并，通过合并保证了企业原材料及半成品的来源问题，减少了增值税纳税环节。它有利于通辽梅花加强生产过程中的配合，加快其生产流程，节约了运输和库存费用，从税收的角度来说，合并减少了增值税的纳税环节。梅花生物通过合并可进一步扩大生产规模，提高企业的经营优势和竞争优势，提高公司的整体竞争能力，实现规模经济并有助于实现企业的战略目标。

从上述对交易目的的描述上看，本次交易的目的是提高规模、整合资源，并非出于税收目的，应该说是具有合理商业目的的。

（2）权益连续性原则的判定

本次交易中，通辽梅花以自身股份和现金作为支付对价的手段，且股份支付的比例为：310×5/（310×5+250）=86.11%＞85%。取得通辽梅花股份的股东也承诺在12个月内不会转让股份。

从上述分析来看，本次交易已经满足特殊性税务处理中"权益连续性原则"的限制条件。

（3）经营连续性原则的判定

本次交易完成后原有资产的经营活动不会改变。

从上述分析来看，本次交易可以满足"经营连续性原则"的限制条件。

综上所述，本次交易能够适用于特殊性税务处理，德瑞淀粉无须就交易过程中发生的资产转让行为确认所得或损失。德瑞淀粉的有关企业所得税事项由通辽梅花来继承，德瑞淀粉的原股东取得通辽梅花的股份计税基础以其原来持有德瑞淀粉股份的计税基础来确定。

2. 流转税

根据《国家税务总局关于纳税人资产重组有关增值税问题的公告》（国家税务总局公告2011年第13号）和《关于纳税人资产重组有关营业税问题的公告》（国家税务总局2011年第51号）的规定，德瑞淀粉无须就货物、不动产及土地使用权的转移交纳增值税和营业税。

3. 财产税和行为税

根据《财政部、国家税务总局关于土地增值税一些具体问题规定的通知》（财税字〔1995〕48号）的规定，德瑞淀粉无须就土地使用权和不动产的转移交纳土地增值税。

根据《财政部、国家税务总局关于企事业单位改制重组契税政策的通知》（财税〔2012〕4号）规定，通辽梅花无须就其受让德瑞淀粉的土地房屋权属缴纳契税。

由于通辽梅花发行股票吸收合并德瑞淀粉，通辽梅花账面上的"股本"和"资本公积"会增加，通辽梅花应该就增加部分按照万分之五的比例贴花。

第四节 战略联盟

一、战略联盟概述

（一）战略联盟的定义

企业战略联盟理论是当前经济研究的热点之一，是属于企业管理战略理论的前沿课题。国内外许多学者都曾给战略联盟下过定义，如波特（1998）将其定义为：企业间达成的既超出正常交易又达不到合并程度的长期协议。但目前，对于战略联盟尚无十分准确一致的定义。总的来说，其基本含义大致都包括：第一，两个或两个以上的公司建立长期的、普遍的战略关系，目的是成为竞争领域中的领先者。每个联盟者有相当大的独立性，各自拥有特定的资源或能力优势并与对方共享。第二，联盟者之间是一种横向而非纵向的关系，并不完全是同一产业的企业行为，而经常是跨越多个产业的企业行为。所以，加盟企业是多维竞争，是一种"竞合"关系，战略联盟的目的是拓展竞争空间；各加盟企业都是相对独立的能力体系，它们之所以能实现联盟、达成"竞合"的关系，主要取决于各加盟企业所拥有的异质性资源的互补性，并且这种互补性对于联盟的效果也起着决定性的作用。所以，战略联盟实质上是拥有具有互补性的异质性资源能力体系间的一种"竞合"安排。

（二）战略联盟税收筹划概述

战略联盟税收筹划是指战略联盟内部各个合作企业之间通过协商合作，在税收法律许可的范围内，通过对战略联盟内部的经济活动事项的事先安排和策划，并在具体实施过程中及时调整，以达到降低税负或者获取最大税收利益的目的，促进战略联盟、战略目标更好实现的经济行为。对于战略联盟税收筹划而言，它是以一个企业联合作为行为主体，就其内容而言，税收筹划的对象是联盟内部的合作经营事项，其中包括合作经营以及生产、投资、交易或是某个特定开发项目等事项，针对这些事项的税收筹划是战略联盟税收筹划的主要内容。

因此，战略联盟的税收筹划与传统的企业税收筹划存在不同，主要体现在以下两个方面：

第一，二者筹划主体不同。战略联盟这一组织不像传统的企业那样具有明确的边界和层级，企业之间将一定的契约或资产联结起来对资产进行最优化配置。战略联盟一般是由具有共同利益关系的单位之间组成的战略共同体，它们可能是供应者、生产者、分销商之间形成的联盟，甚至可能是竞争者之间形成的联盟，从而产生一种你中有我，我中有你的局面。因此，战略联盟这个主体就有别于传统的企业组织，这样一个经济主体作为税收筹划的主体，也表现出了与传统企业税收筹划所不同的特征。

第二，二者筹划内容不同。单个企业的经济活动涉及从企业成立之初到企业最终结束整个过程中的各种经济事项以及每个事项的各个方面。企业的每一项涉税行为是在企业精心全面的筹划下进行的。而战略联盟的经济活动则有别于一个企业全过程的经济事项。由于战略联盟是基于企业之间某种特定目的成立的，联盟的活动可能只涉及经营的某一方面，或者是某个特定合作项目。在税收筹划的对象上，战略联盟的税收筹划对象是针对联盟的经济事项。因此，税收筹划将会对联盟的行为产生更加灵活和深刻的影响。由于税收的影响，战略联盟可能会在成员组成、经济活动的方式以及协调方式等方面做出更大的更为灵活的变动和调整，税收筹划更加深刻地影响战略联盟的行为，在联盟决策中所占的分量也更重。

二、战略联盟的税收筹划及案例分析

基于战略联盟的税收筹划，在筹划主体以及范围的角度上，发展了原有的独立企业的税收筹划，但是作为税收筹划这项活动的本质仍然没有改变，即在特定目标指引之下去合理地安排涉税的事项，以求达到企业想要的目的，加上战略联盟业务与单个企业业务的相似性，使得战略联盟税收筹划对传统税收筹划的某些策略具有借鉴的可能性。

（一）缩小联盟的税基

筹划原理：缩小税基，减少应纳税所得额，以此来减轻纳税主体的税负是传统税收筹划中常用的方法。从战略联盟的角度考虑，缩小税基的具体策略可以采取利用联盟之间的互惠定价来达到筹划的目的。互惠定价使用的范围很广，可以通过销售价格影响产品成本，也可以通过运输费用、保险费、回扣、佣金等以达到转移利润的目的，此外还可以通过提供咨询、特许权使用费、贷款的利息费用以及租金等来影响关联企业的产品成本和利润。从战略联盟来讲，由于联盟内部主体的广泛性和差异性，使得互惠定价成为十分适合战略联盟利益集团所使用的一种税收筹划策略，在政策允许的范围内，尽最大可能形成战略联盟整体的税负。因此，利用互惠定价合理确定联盟之间的转移定价，能够给联盟整体带来巨大的税收利益。另外，目前全球经济联系更加密切，跨国联盟不断兴起。各国税率的差别为跨国战略联盟内部在不同国家之间的互惠定价提供了更大的筹划空间和筹划利益。例如，从高税国向低税国以较低的内部转让定价销售商品和分配费用；或者从低税国向高税国以较高的内部转让定价销售商品和分配费用，都将致使整个跨国联盟的税基缩小，整体税负减轻。

【案例】假设甲乙两个公司技术具有互补性，协定联合研发某项专利出售，费用和收入双方协定平分，假定研发费用为100万美元，专利售价为200万美元。同时甲乙还达成协议，乙公司将另一项技术转让给甲公司使用，收取使用费为100万美元。甲公司所在国所得税税率为40%，乙公司所在国所得税税率为30%。在没有做任何筹划之前，甲乙公司各自的收入和费用为：

甲公司：所得税=（100-50）×40%=20万美元

收入=100-50-20=30万美元

专利技术使用费：100万美元

净支出 =70 万美元

乙公司：所得税 =（100-50）×30%+100×30%=45 万美元

收入 =100+100-50-45=105 万美元

两者合计税负 =20+45=65 万美元

分析： 现甲乙公司联合进行税收筹划，商定甲公司承担研发费用70万美元，专利出售收入仍然两者平分，同时甲向乙收取专利技术的使用费降为80万美元。

甲公司：所得税 =（100-70）×40%=12 万美元

收入 =100-70-12=18 万美元

专利技术使用费：80 万美元

净支出 =62 万美元

乙公司：所得税 =（100-30）×30%+80×30%=45 万美元

收入 =100+80-30-45=105 万美元

两者合计税负 =12+45=57 万美元

我们可以看到，显然筹划之后在保持联盟顺利合作的前提下，联盟整体税负下降，内部各个企业也获得了筹划收益。

（二）平衡联盟主体之间的税负

筹划原理：平衡联盟主体之间的税负是指通过联盟的整体调控、相互协调，对利益进行分割和转移，以实现税负在联盟内部各纳税企业之间的平衡和协调，进而降低联盟整体税负。通过经济业务的合理调整组合，或者合作事情的合理安排，都能使得通过联盟主体利益的调整来降低税收负担。通过税负平衡降低税收负担有各种方式，典型的例子就是租赁减税的筹划。租赁，指出租人以收取租金为条件，将其资产出租给承租人使用的一种信用业务，主要用于设备和其他实物资产的融资。租赁的税收筹划是在一个利益团体有固定资产转移的经济行为时，可以采取租赁行为进行税收筹划。围绕着资产的转移，以租赁为筹划中介，将出租人和承租人的利益和税负协调平衡，以实现整个联盟税负最小化，使联盟获取最大利益。

【案例】 假设甲乙公司属于同一行业的生产商，甲公司给乙公司提供生产设备，两个公司合作研发技术，两家企业已经于多年前达成联盟协议，为共同成为行业的强者而合作并共同努力。甲公司所得税税率为30%，乙公司所得税税率也为30%。甲公司有一批生产设备，乙公司准备扩展经营规模，需要此类设备，用于生产经营后每年可增加利润500万元。

甲公司有两种方案可供选择：方案一，甲公司将设备以租赁方式转给乙公司，并按照有关规定（租金水平符合公开市场原则）收取租金150万元，租期5年；方案二，甲公司将设备出售给乙公司，按同类资产价值出售价格为1,000万元，设备可使用年限为10年，乙公司可一次性支付货款。

分析：

方案一：首先，从联盟税负角度分析，采取租赁方式，甲公司将出售设备在本年度一次性实现的收益，通过租赁形式分摊到多个纳税年度，获得递延纳税好处，从而降低了当年联盟整体税负。尤其是在出租人和承租人中，一方盈利较高，而另一方盈利较少或亏损时，盈利方可把设备租赁给盈利较少或亏损方，在租金水平符合公开市场原则下，通过收取较低的租赁费或租赁期满后盈利方以高价购入方式使利润流向亏损方，从而达到避税和节税的双重效应。

其次，我们再分别从承租方和出租方两个方面进行分析。

对承租人而言，一是承租人只需按期支付租金（150万元）而不必支付资产购置的全部价款（1,000万元），减少了资金占用，消除了企业流动资金周转紧张造成的不利影响，并可避免因长期拥有设备而承担风险。二是经营活动中以支付租金方式可直接冲减当期利润，减少税基，从而减少了纳税额。三是若两公司采取经营租赁，租赁在报表上不列为公司资产与负债，与承租人购置资产形成负债相比，资产负债率、负债与权益比率可由租赁而改善，从而增强了举债能力，达到表外筹资的财务目的，因此租赁资产比举债购置资产更有利。四是若两公司签订的融资租赁合同不包含期满时的廉价购买选择权，对于融资租赁设备的改良支出可以记入资产价值，在租期内通过折旧的方式摊销，而企业购入的固定资产，其改良支出增加固定资产原值，如果固定资产折旧年限长于租期，租赁就会产生类似加速折旧的作用，加快了摊销，减轻了企业税收负担。

对出租人而言，可使其闲置的资产得以运用，充裕的资金得到了更大效益，并可获得租金收入，实现资本增值。另外，出租人将租金的取得分摊到多个纳税年度，而不是一次性取得纳税收益，从而可以递延纳税，获得税收上的好处，也降低了联盟整体税负，这是一个双赢的结果。

最后，这种筹划方式必须是在战略联盟内部实施的。对于单个企业而言，要想采取这种方式进行筹划，则必须是针对关联企业或者企业集团，否则这种筹划方式很难施行。因此，战略联盟这个组织形式能更好地利用这种筹划方式。

（三）税负转嫁

筹划原理：税负转嫁是指纳税人在交纳税款之后，通过各种途径，将税收负担转移给他人承担的过程，其旨在消除或减轻自身的纳税义务。税负转嫁基本上与税法无关，只是利用购买过程中的价格再分配而将税负转嫁给他人，对其直接纳税人仅类同于税务机关与负税人的中介者，其行为并未侵害国家利益，亦不构成违法行为，因此是企业组织税收筹划，以期减轻税负的重要形式。税收经过转嫁，可以把税负全部转移出去，也可能仅将其中的一部分予以转移。在市场经济社会，市场作为生产与消费协调制衡的中介机制，决定了企业的税负转嫁行为必然要基于对市场供求关系的有效依托。由于绝大多数商品或生产要素的需求和供给是属于富有弹性或缺乏弹性的情况，所以，较为常见的是一部分税收通过提高商品或生产要素的价格形式向前转嫁给购买者或最终的消费者，而另一部分税收则通过压低商品或生产要素进价等方式，向后转嫁给商品或生产要素的提供者。

课税范围、市场结构类型等因素也对税负转嫁产生重要影响。一般认为，课税范围越宽广，越易于税收转嫁；课税范围越窄，越不易于税收转嫁。市场结构不同，税收转嫁的状况也是不同的。在完全竞争的条件下，税收短期内无法予以转嫁。但从长期来看，在产品生产成本不变的条件下，各个生产者会形成一股整个行业的提价力量，从而使税收最终加在价格之中，而完全向前转嫁给消费者。垄断竞争情况下，单个生产者可利用自己产品的差异性对价格进行适当调整从而有可能把政府所征之部分的加入价格向前转嫁给消费者。但由于没有形成垄断市场，仍有竞争，又不能完全转嫁出去而保留垄断利润，因而是部分地前转，部分地后转；寡头垄断下的税收可以由各寡头生产者通过协议提价的方式进行前转，而在完全垄断的市场条件下，则完全由垄断生产者视产品需求弹性大小直接决定前转或后转。

分析：战略联盟具备课税范围广泛的特点，因此能很好地利用课税范围进行税负转嫁。另外，多个企业联合的战略联盟也容易在市场上造成强势，在不违反法律的前提下，对市场有更强的影响力，因此，战略联盟也能很好地利用市场进行税负转嫁。当然，这些税负转嫁的方式在单个企业内部都是较难实现的。

（四）税收政策筹划

筹划原理：税收政策筹划是一种高层次的对税收政策的筹划。战略联盟这种组织一般资产雄厚、实力强大，在社会经济中一般处于举足轻重的地位，因此，对这种组织的税收筹划除了进行一般性的、技术层面上的税收筹划以外，还应该在不违背税收立法精神的前提下，结合自身生产特点和产业特征，积极从事税收政策层面上的所谓"税收政策筹划"，争取有利于自己的税收制度安排。

20世纪90年代中期以来，我国某些大型集团，如中国石油天然气集团公司，在这种税收政策筹划实践方面积累了一定的经验，并取得了良好的经济绩效。对于一些关系国计民生的战略联盟组织应当积极进行该方面的税收筹划研究。

（五）优化价值链的税收筹划

筹划原理：价值链上纵向和横向关系的优化，寻找理想的伙伴，调整价值链中的不合理环节，能直接减轻一些流转税的负担，而且能加强联盟之间的了解与合作。这个过程中调整选择最佳合作伙伴，通过相互沟通了解，收集的信息交流，增加信任，改善联盟的管理，这对于联盟税收筹划的促成与运行成功无疑起到了推动的作用。因此，加强价值链上企业之间的合作了解，优化纵向和横向价值链，也是战略联盟税收筹划的策略之一。例如，在商品流通过程中在零售商和生产商之间往往会存在一个中间商，这个中间商的存在分割了部分增值利润。假设生产商与零售商直接结成联盟，由于两者之间的沟通交流，则两者之间在利用价格等方面的税收筹划方法将会发挥更大的作用，税收筹划的空间将更大。

（六）业务外包的税收筹划

筹划原理：业务外包是联盟内部各个企业合作以及集中资源提高自身核心力的一种措施。从税收筹划的角度来说，如果降低了直接成本，那么有关的流转税负一般也会跟着降低。业务外包的过程是，首先确定企业的核心竞争力，并把企业内部的职能和资源集中在那些有核心竞争优势的活动上，然后将剩余的其他企业活动外包给最好的专业公司。业务外包决策的一般标准是，如果企业能以更低的成本获得更高价值的资源，那么企业选择外包。业务外包时要注意选择有价值的伙伴进行合作。与跟自己特长不同的企业合作，以使两者把自己的资源投入到共同的任务（诸如共同的开发研究）中，这样不仅可以使企业分散开发新产品的危险，同时，也使企业可以获得比单个企业更高的创造性和柔性。

第三章　资本收缩

第一节　企业分立

一、企业分立概述

（一）企业分立的定义

分立是指一个企业依照有关法律、法规的规定，分立为两个或两个以上的企业的法律行为。企业分立是母公司在子公司中所拥有的股份按比例分配给母公司的股东，形成与母公司股东相同的新公司，从而在法律上和组织上将子公司从母公司中分立出来。

（二）企业分立的分类

1. 存续分立

存续分立，又称派生分立，是指一个公司将一部分财产或营业依法分出，成立两个或两个以上公司的行为。在存续分立中，原公司继续存在，原公司的债权债务由原公司与新公司分别承担，也可按协议由原公司独立承担。新公司取得法人资格，原公司也继续保留法人资格。存续分立可表示为：甲公司（变更）－甲公司（变更后的甲公司）＋乙公司（新设）

2. 新设分立

新设分立，又称解散分立，是指一个公司将其全部财产分割，解散原公司，并分别归入两个或两个以上新公司中的行为。在新设分立中，原公司的财产按照各个新公司的性质、宗旨、业务范围进行重新分配组合。同时原公司解散，债权、债务由新设立的公司分别承受。新设分立，是以原有公司的法人资格消灭为前提，成立新公司。新设分立可表示为：甲公司（注销）－乙公司（新设）＋丙公司（新设）

二、企业分立的会计处理

（一）被分立企业的会计处理

公司分立，被分立企业只需将进入分立企业的资产、负债以原账面价值为基础结转确定，借记负债类科目，贷记资产类科目，差额借记权益类科目。

（二）分立企业的会计处理

分立企业按照资产、负债的原账面价值进行初始计量，分离资产原账面价值与计税基础的差异确认的递延所得税资产或递延所得税负债，也应按原账面价值结转，同时对应归属于分立企业的净资产分别计入"股本"（或"实收资本"）、"资本公积——股本溢价"（或资本溢价）、"盈余公积——法定盈余公积"、"利润分配——未分配利润"等所有者权益类科目。分离企业在一般特殊重组下，当资产的入账价值大于计税基础时，形成递延所得税负债，借记"所得税费用"科目，贷记"递延所得税负债"科目；当资产的入账价值小于计税基础时，形成递延所得税资产，即借记"递延所得税资产"科目，贷记"所得税费用"科目。在资产耗用或处置时递延所得税资产或递延所得税负债转销。特殊重组下，资产的计税基础仍按原有计税基础结转，不会产生新的暂时性差异。

（三）被分立企业股东的会计处理

被分立企业的股东放弃旧股取得新股，借记"长期股权投资——分立企业"，贷记"长期股权投资——被分离企业"，因股权比例变化还需考虑成本法与权益法方法的转换。

【案例】A公司和D公司共同投资设立B公司，分别持有B公司50%股权，形成共同控制，按照权益法进行核算。B公司有两项主营业务，A公司和D公司经协商，准备分别发展其中一项业务。为此，需要将B公司分立为两家公司，由A公司和D公司分别全资控制其中一家分立公司。具体的操作方式是，将B公司分拆为两家公司，A公司和D公司分别持有两家公司50%的股份，然后按照分立企业资产评估结果，A公司和D公司分别按照股权评估价值从对方购买自己拟控制企业50%的J股权，达到A公司和D公司分别全资控制1个分立公司的目标。

分立前，B公司账面净资产5,000万元，其中实收资本100万元、盈余公积550万元、未分配利润4,350万元。截至分立日，A公司和D公司长期股权投资余额均为2,500万元，其中投资成本50万元、损益调整2,450万元。按照业务相关性原则，B公司保留一项业务，分拆业务成立C公司，B公司经评估，净资产增值5,000万元，按照资产划分分别计入分立后B公司和C公司资本公积。

分立后，A公司购买D公司持有的分立后B公司50%股权，实现对B公司100%控股，D公司购买A公司持有的C公司50%股权，实现对C公司100%控股。各方的会计处理需要按照分立进程分别处理。

分析： 第一步，B公司分立时各方会计处理（单位：万元，下同）：在分拆时，A公司和D公司按原持股比例取得分立后B公司和C公司的股权，分立后B公司和C公司均未改变原来的实质经营活动，A公司和D公司没有发生股权支付，只要在分立后12个月内不进行股权交易，就能符合企业分立适用特殊性税务处理的条件，不产生交纳所得税问题。C公司接受分立前B公司的资产和负债的计税基础，以分立前B公司的原有计税基础确定，A公司和D公司持有分立后B公司和C公司的股权成本按照分立后B公司和C公司净资产占分立前B公司净资产的比例进行分配。

B公司：

借：实收资本——A公司　　　　　　　　　　25
　　　　　——D公司　　　　　　　　　　25
　　盈余公积　　　　　　　　　　　　　　350
　　未分配利润　　　　　　　　　　　　3,350
　　贷：资产类科目　　　　　　　　　　3,750

C 公司：

借：资产类科目　　　　　　　　　　　　　　3,750
　　贷：实收资本——A 公司　　　　　　　　　　　　25
　　　　　　　　——D 公司　　　　　　　　　　　　25
　　　　资本公积　　　　　　　　　　　　　　　3,700

A 公司：

借：长期股权投资——C 公司——成本　　　　1,875
　　贷：长期股权投资——B 公司——成本　　　　　25
　　　　　　　　　　　　　　——损益调整　　　1,850

D 公司：

借：长期股权投资——C 公司——成本　　　　1,875
　　贷：长期股权投资——B 公司——成本　　　　　25
　　　　　　　　　　　　　　——损益调整　　　1,850

第二步，A 公司和 D 公司交换股权时各方会计处理（假定都按照评估价值确认对价）：

《财政部、国家税务总局关于企业重组业务企业所得税处理若干问题的通知》把股权收购也区分为一般性税务处理和特殊性税务处理。A 公司和 D 公司换股收购 B 公司和 C 公司股权的比例均为 50%，财税【2014】109 号规定，当股权收购比例不低于 50% 时，可选择适用特殊税务处理规定。为简化案例分析，此处选择按照一般税务处理计算。A 公司和 D 公司需要确认股权转让损益和股权收购成本，并按照规定交纳企业所得税。对 B 公司和 C 公司评估增值对净资产的影响，A 公司和 D 公司需要相应调整投资成本和资本公积。由于 A 公司和 D 公司交换股权，分别实现对 B 公司和 C 公司 100% 持股，B 公司和 C 公司按照评估值对资产账面价值进行调整，对于评估价值和账面价值的差额作纳税调整，即评估增值额部分不能税前扣除，计算应纳税所得额时需要在报表利润基础上调增评估增值部分对当期利润额的影响（当然，B 公司和 C 公司也可以不做资产价值调整，但是 A 公司和 D 公司在编制合并报表时则需要分别就评估增值对 B 公司和 C 公司报表的影响进行调整）。

B公司：

借：资产类科目　　　　　　　　　　　　　　　　1,500
　　贷：资本公积　　　　　　　　　　　　　　　　　　　1,500
借：实收资本——D公司　　　　　　　　　　　　　25
　　贷：实收资本——A公司　　　　　　　　　　　　　　25

C公司：

借：资产类科目　　　　　　　　　　　　　　　　3,500
　　贷：资本公积　　　　　　　　　　　　　　　　　　　3,500
借：实收资本——A公司　　　　　　　　　　　　　25
　　贷：实收资本——D公司　　　　　　　　　　　　　　25

A公司：

借：应收账款——D公司　　　　　　　　　　　　3,625
　　贷：长期股权投资——C公司——成本　　　　　　　1,875
　　　　投资收益　　　　　　　　　　　　　　　　　　1,750
借：所得税　　　　　　　　　　　　　　　　　　4,375
　　贷：应交税费——应交企业所得税　　　　　　　　　4,375
借：长期股权投资——B公司——成本　　　　　　1,375
　　贷：应收账款——D公司　　　　　　　　　　　　　1,375
借：长期股权投资——B公司——其他权益调整　　750
　　贷：资本公积——其他资本公积　　　　　　　　　　750

D公司：

借：应收账款——A公司　　　　　　　　　　　　1,375
　　贷：长期股权投资——B公司——成本　　　　　　　625
　　　　投资收益　　　　　　　　　　　　　　　　　　750
借：所得税　　　　　　　　　　　　　　　　　　1,875
　　贷：应交税费——应交企业所得税　　　　　　　　　1,875
借：长期股权投资——C公司——成本　　　　　　3,625
　　贷：应收账款——A公司　　　　　　　　　　　　　3,625
借：长期股权投资——C公司——其他权益调整　　1,750

贷：资本公积——其他资本公积　　　　　　　　　　　1,750

三、企业分立的税务处理

（一）涉税处理

1. 所得税税务处理

（1）一般税务处理

除符合适合特殊性税务处理规定外，企业分立，当事各方应按下列规定处理：

1）被分立企业对分立出去的资产应按公允价值确认资产转让所得或损失；

2）分立企业应按公允价值确认接受资产的计税基础；

3）被分立企业继续存在时，其股东取得的对价应视同被分立企业分配进行处理；

4）被分立企业不再继续存在时，被分立企业及其股东都应按清算进行所得税处理；

5）企业分立相关企业的亏损不得相互结转弥补；

6）一般重组分立各方税收优惠政策的衔接。

《国家税务总局关于发布〈企业重组业务企业所得税管理办法〉的公告》（国家税务总局公告2010年第4号）第十五条规定，企业分立适用一般重组处理办法的，分离企业涉及享受《企业所得税法》第五十七条规定中就企业整体（及全部生产经营所得）享受的税收优惠过渡政策尚未期满的，仅就存续企业未享受完的税收优惠，按照《财政部、国家税务总局关于企业重组业务企业所得税处理若干问题的通知》（财税〔2009〕59号）第九条的规定执行。即在企业存续分立中，分立后的存续企业性质及使用税收优惠的条件未发生改变的，可以继续享受分立前该企业剩余期限的税收优惠，其优惠金额按该企业前一年的应纳税所得额（亏损计为零）乘以分立后存续企业资产占分立前该企业全部资产的比例计算。

注销的被分立企业未享受完的税收优惠，不再由存续企业承继；分立而新设的企业也不得再承继或重新享受上述优惠。被分立企业和分立企业按照《企业所得税法》的税收优惠规定和税收优惠过渡政策中就企业有关生产经营项目的所得享受的税收优惠承继问题，按照《企业所得税法实施条例》第八十九条规定执行。

存续分立下，被分立企业的股东取得的对价视同被分立企业分配处理。对价包括股权支付额（分立企业净资产的公允价值）和其他非股权支付额（现金、非现金资产公允价值）。该分配额不超过被分立企业留存收益份额的部分，属于股息性所得，免征企业所得税。超过股息所得的部分，视同投资成本的回收，相应冲减旧股（存续企业）的计税基础。新股的计税基础按照分立企业净资产公允价值的份额确定。

新设分立下，被分立企业需计算清算所得，被分立企业的股东视同转让旧股（解散企业），购买新股（分立企业）处理。取得的全部对价（分立企业净资产公允价值份额、非股份支付额的公允价值）扣除被分立企业留存收益份额和投资计税基础后的差额，确认股息所得或损失。如果留存收益为负数，按零计算。取得新股的计税基础按照公允价值确定（分立企业净资产公允价值份额）。

【案例】 某企业 A 准备分立为 A 和 B，也就是存续分立方式（不满足特殊税务处理条件分立），此时，税务处理如下：

A 企业分立出去的资产比如土地、固定资产、存货、投资等，均需要按照公允价值确认资产转让所得或损失；

B 企业取得这些资产计税基础也按公允价值确认；

A 企业的股东取得 B 企业的股权或其他非股权支付额，应视同被分立企业分配再投资处理（实际上，在我国企业分回利润可以免税）；

A 和 B 企业的亏损不得互相结转弥补。

(2) 特殊税务处理

特殊重组应同时满足下列基本条件：

1) 具有合理的商业目的，且不以减少、免除或者推迟交纳税款为主要目的。

2) 企业分立后的连续 12 个月内不改变重组资产原来的实质性经营活动。

3) 企业分立中取得股权支付的原主要股东，在重组后连续 12 个月内，不得转让所取得的股权。

企业分立符合上述基本条件，被分立企业所有股东按原持股比例取得分立企业的股权，分立企业和被分立企业均不改变原来的实质经营活动，且被分立企业股东在该企业分立发生时取得的股权支付金额不低于其交易支付总额的85%，可以选择按下列方法进行税务处理：

1）分立企业接受被分立企业资产和负债的计税基础，以被分立企业的原有计税基础确定。

2）被分立企业已分立出去资产相应的所得税事项由分立企业承继。

3）被分立企业未超过法定弥补亏损期限的亏损额可按被分立资产占全部资产的比例进行分配，由分立企业继续弥补。

4）被分立企业的股东取得分立企业的股权（以下简称"新股"），如需部分或全部放弃原持有的被分立企业的股权（以下简称"旧股"），"新股"的计税基础应以放弃"旧股"的计税基础确定。如不需放弃"旧股"，则其取得"新股"的计税基础可从以下两种方法中选择确定：直接将"新股"的计税基础确定为零；或者以被分立企业分立出去的净资产占被分立企业全部净资产的比例先调减原持有的"旧股"的计税基础，再将调减的计税基础平均分配到"新股"上。

5）特殊重组交易中股权支付暂不确认有关资产的转让所得或损失的，其非股权支付仍应在交易当期确认相应的资产转让所得或损失，并调整相应资产的计税基础。

非股权支付对应的资产转让所得或损失 =（被转让资产的公允价值 - 被转让资产的计税基础）×（非股权支付金额 ÷ 被转让资产的公允价值）

由此可见，特殊重组除需满足"合理的商业目的"、"经营连续"、"权益连续"三个条件外，还要求分立企业股东取得的股权支付额达到整体交易支付总额的85%。

存续分立中的交易支付总额是指所剥离的净资产（资产———负债）的公允价值，包括股权支付额和非股权支付额。其中，股权支付额是指被分立企业的股东持有分立企业股权的公允价值，非股权支付额是指被分立企业的股东从被分立企业直接取得的现金和非现金资产的公允价值。

新设分立（解散分立）中的交易支付总额实际就是被分立企业净资产的公允价值，其中股权支付额是指被分立企业的股东持有各个分立企业股权的公允价值。被分立企业的股东取得的除股权支付额之外的现金和非现金资产为非股权支付额。

6) 特殊重组分立各方税收优惠政策的衔接。

根据《财政部、国家税务总局关于企业重组业务企业所得税处理若干问题的通知》（财税〔2009〕59号）第六条第（五）项第二目规定，企业分立，已分立资产相应的所得税事项由分立企业承继，这些事项包括尚未确认的资产损失、分期确认收入的处理以及尚未享受期满的税收优惠政策承继问题处理等。其中，对税收优惠政策承继处理问题，凡属于依照《企业所得税法》第五十七条规定中就企业整体（即全部生产经营所得）享受税收优惠过渡政策的分立后的企业性质使用税收优惠条件未发生改变的，可以继续享受分立前被分立企业剩余期限的税收优惠。分立前被分立企业按照《企业所得税法》的税收优惠规定以及税收优惠过渡政策中就有关生产经营项目所得享受的税收优惠承继处理问题，按照《企业所得税法实施条例》第八十九条规定执行。

7) 公司分立使用特殊重组处理方法的，企业在重组发生的前后12个月内分步对其资产、股权进行交易，应根据实质重于形式原则将上述交易作为一项企业重组交易进行处理。

8) 企业发生符合《财政部、国家税务总局关于企业重组业务企业所得税处理若干问题的通知》（财税〔2009〕59号）规定的特殊性重组条件并选择特殊性税务处理的，当事各方应在该重组业务完成当年企业所得税年度申报时，向主管税务机关提交书面备案材料，证明其符合各类特殊性重组规定的条件。企业未按规定书面备案的，一律不得按特殊重组业务进行税务处理。

【案例】喜客来酒店股份有限公司地处江苏，由乐登酒店和悦君酒店共同投资成立，公司的投资总额为1,000万元，乐登酒店和悦君酒店分别占70%和30%的股份。为满足扩大经营的需要，2009年11月喜客来公司剥离部分净资产成立美滋餐饮有限公司。分立基准日，喜客来公司的资产负债表显示公司的资产总额为3,000万元（公允价值为3,800万元），负债2,000万元

（公允价值为2,000万元），净资产1,000万元（公允价值为1,800万元），此外公司尚有未超过法定弥补期限的亏损360万元。喜客来公司剥离的净资产中，资产的账面价值800万元（公允价值为1,000万元）、剥离负债的账面价值200万元（公允价值为200万元），剥离净资产的账面价值600万元（公允价值为800万元），并在工商管理部门办理了300万元的减资手续。美滋公司的注册资本为800万元，并确认乐登酒店和悦君酒店的投资额分别为504万元和216万元，同时美滋公司分别向乐登酒店和悦君酒店支付银行存款56万元和24万元。

分析：适用条件的判断：关于本案例是否适用所得税处理的特殊性规定的条件，依据财税〔2009〕59号文件的规定，企业分立在符合重组业务特殊性处理基本条件的基础上，适用所得税处理的特殊性规定需要同时符合下列三个条件：一是被分立企业所有股东按原持股比例取得分立企业的股权；二是分立企业和被分立企业均不改变原来的实质经营活动；三是被分立企业股东取得的股权支付金额不低于其交易支付总额的85%。由于案例中美滋公司股权支付金额占交易支付总额的比例为（504+216）÷（504+216+56+24）×100%=90%，高于85%的比例，现假定该分立业务符合特殊处理的其他条件，则本案例可以适用所得税处理的特殊性规定。

喜客来公司的所得税处理：依据财税〔2009〕59号文件的规定，由于本案例中企业分立业务符合所得税的特殊性处理条件，因此被分立企业喜客来公司可暂不确认分立资产中股权支付对应的资产转让所得，但应确认非股权支付（银行存款）对应的资产转让所得，即喜客来公司应确认的资产转让所得=（被转让资产的公允价值1,000−被转让资产的计税基础800）×[非股权支付金额（56+24）÷被转让资产的公允价值1,000]=16（万元）。

对于喜客来公司未超过法定弥补期限的亏损360万元，依据财税〔2009〕59号文件的规定，可按分立资产占全部资产的比例进行分配，但是文件未明确具体分配时是按照资产的公允价值还是账面价值计算分配比例。笔者认为按照资产的公允价值确认分配比例较为合理，即可以继续由喜客来公司弥补的亏损金额为360×[（3,800−1,000）÷3,800]=265.26（万元）。

美滋公司的所得税处理：根据财税〔2009〕59号文件的规定，分立企业喜客来公司仅仅确认了非股权支付对应的资产转让所得，而未确认被分立资产的全部转让所得，因此按照所得税的对等理论，不能按照公允价值1,000万元确定被分立资产在美滋公司的计税基础。由于美滋公司支付的对价中包含非股权支付银行存款80万元，且喜客来公司确认了非股权支付对应的被分立资产的转让所得16万元，所以美滋公司在确定被分立资产的计税基础时应考虑喜客来公司已确认的该部分资产的转让所得，即美滋公司取得被分立资产的计税基础＝被分立资产的原计税基础800－非股权支付额80＋喜客来公司已确认的资产转让所得16＝736（万元）。需要说明的是，如果未来美滋公司转让此部分资产，在计算资产转让所得时允许扣除的金额是736万元，而不是按公允价值入账的1,000万元，因此需要调增应纳税所得额264万元。此外，对于喜客来公司未超过法定弥补期限的亏损360万元，依据财税〔2009〕59号文件的规定，可以由美滋公司继续弥补的亏损为360×（1,000÷3,800）＝94.74（万元）。

乐登酒店和悦君酒店的所得税处理：在本案例中，一方面被分立企业喜客来公司办理了300万元的减资手续；另一方面，分立企业美滋公司支付的对价中包括80万元银行存款的非股权支付形式，按照财税〔2009〕59号文件的规定，作为喜客来公司的股东，乐登酒店和悦君酒店应当确认非股权支付对应的放弃旧股的转让所得。其中，乐登酒店应确认旧股转让所得：[（504+56）－300×70%]×[56÷（504+56）]＝35（万元）；悦君酒店应确认旧股转让所得：[（216+24）－300×30%]×[24÷（216+24）]＝15（万元）。与此同时，由于喜客来公司办理了300万元的减资手续，属于被分立企业的股东放弃部分旧股的行为，依据财税〔2009〕59号文件的规定，此时乐登酒店和悦君酒店取得美滋公司新股的计税基础应按照放弃旧股的原计税基础调整确定。由于本案例还涉及非股权支付，乐登酒店和悦君酒店取得新股的计税基础时可以按照如下方法来计算确定。以乐登酒店为例，作为喜客来公司的股东，乐登酒店确认了非股权支付56万元银行存款对应的放弃旧股的转让所得35万元。按照所得税的对等理论，对于乐登酒店而言，其取得新股的计税基础＋取得的非股权支付的计税基础＝放弃旧股的原计税基础＋已确认的旧股转让所得，由于取得的非股权支付的计税基础按公允价值确定，即可得到：乐登酒店取得新股的计税基础＝放弃旧股的原计税基础300×70%＋已确认的旧股转让所得

35-取得的非股权支付的计税基础56=189（万元）。同理可以求出悦君酒店取得的新股的计税基础为300×30%+15-24=81（万元）。需要说明的是，如果未来乐登酒店和悦君酒店转让取得的美滋公司的股权，在计算股权转让所得时允许扣除的金额分别为189万元和81万元，而不是美滋公司确认的乐登酒店和悦君酒店的股权投资额504万元和216万元，那么需要作纳税调增处理。

如果企业分立适用特殊性税务处理，分立当时无须交纳所得税，但是，在新成立分立企业股权再行转让时，由于计税基础相对低，转让收入会提高，因此，只是递延纳税。

2. 企业分立的流转税税务处理

（1）企业分立不征收营业税

《营业税暂行条例》及其实施细则规定，营业税的征收范围为在中华人民共和国境内有偿提供应税劳务、转让无形资产或者销售不动产的行为。企业分立不属于该征税范围，其实质是被分立企业股东将该企业的资产、负债转移至另一家企业，有别于被分立企业将该公司资产（土地使用权、房屋建筑物）转让给另一家企业的应征营业税行为，因此，企业分立不应征收营业税。

《国家税务总局关于转让企业产权不征收营业税问题的批复》（国税函〔2002〕165号，已失效）规定："根据《中华人民共和国营业税暂行条例》及其实施细则的规定，营业税的征收范围为有偿提供应税劳务、转让无形资产或者销售不动产的行为。转让企业产权是整体转让企业资产、债权、债务及劳动力的行为，其转让价格不仅仅是由资产价值决定的，与企业销售不动产、转让无形资产的行为完全不同。因此，转让企业产权的行为不属于营业税征收范围，不应征收营业税。"

（2）企业分立不征收增值税

根据《中华人民共和国增值税暂行条例》及其实施细则的规定，增值税的征收范围为在中华人民共和国境内销售货物或者提供加工、修理修配劳务以及进口货物。企业分立不属于该征税范围，其实质是被分立企业股东将该企业的资产、负债转移至另一家企业，有别于被分立企业将该公司资产（存货、固定资产）转让给另一家企业的应征增值税行为，因此，企业分立不应征收增值税。

《国家税务总局关于纳税人资产重组有关增值税问题的公告》(国家税务总局公告2011年第13号)规定:"纳税人在资产重组过程中,通过合并、分立、出售、置换等方式,将全部或者部分实物资产以及与其相关联的债权、负债和劳动力一并转让给其他单位和个人,不属于增值税的征税范围,其中涉及的货物转让,不征收增值税。"

(3) 企业分立不征收土地增值税

《中华人民共和国土地增值税暂行条例》规定,土地增值税的征收范围为转让国有土地使用权、地上的建筑物及其附着物并取得收入。企业分立涉及的土地所有权转移不属于土地增值税征税范围,并非被分立企业将土地转让给新成立企业,而是被分立企业的股东将该资产换股,因此,企业分立涉及的土地转移不征收土地增值税。

3. 个人所得税

如果被分立企业股东为自然人股东,而非法人股东,那么在企业分立时,是否需要交纳所得税呢?是否视同分回利润再投资?如果是这样,外籍个人则无需交纳个人所得税,中国个人则需要视同"股息、红利"交纳个人所得税。

《国家税务总局关于股份制企业转增股本和派发红股征免个人所得税的通知》(国税发〔1997〕198号)和《关于转增注册资本征收个人所得税问题的批复》(国税函〔1998〕333号)作出规定:盈余公积金转增个人资本应按照"利息、股息、红利所得"项目征收个人所得税。《国家税务总局关于股份制企业转增股本和派发红股征免个人所得税的通知》(国税发〔1997〕198号)规定:"股份制企业用资本公积金转增股本不属于股息、红利性质的分配,对个人取得的转增股本数额,不作为个人所得,不征收个人所得税。"虽然该文件明确规定资本公积金转增股本不征税,但是,随后的《国家税务总局关于原城市信用社在转制为城市合作银行过程中个人股增值所得应纳个人所得税的批复》(国税函〔1998〕289号)对此进行了相应的补充说明,国税发〔1997〕198号文件中所说的资本公积金转增个人股本不需征税,专指股份制企业股票溢价发行收入形成的资本公积金转增个人股本不作为应税所得,不征收个人所得税,而与此不相符合的其他资本公积金转增个人股本,应当依法征收个人所得税，包括企业接受捐赠、拨款转入、外币资本折算差额、资产评估增值等形成资本公积金转增个人股本要征收个人所得税。

通过上述文件，可以看到国家对于转增资本属于个人的部分，需要缴纳个人所得税。那么，分立时呢？暂无明文规定。笔者认为，企业分立不一定就是将税后利润进行投资，如果将原有投资进行分拆呢？另外，能否参照企业所得税的特殊处理规定，满足一定条件给予延迟纳税的优惠政策呢？在具体操作上，很可能取决于地方税务机关的判定了。

4. 契税

《财政部 国家税务总局关于企业事业单位改制重组契税政策的通知》（财税〔2012〕4号文）第四条规定：企业依照法律规定、合同约定分设为两个或两个以上投资主体相同的企业，对派生方、新设方承受原企业土地、房屋权属，不征收契税。"

5. 印花税

《财政部、国家税务总局关于企业改制过程中有关印花税政策的通知》（财税〔2003〕183号）第二条规定："以合并或分立方式成立的新企业，其新启用的资金账簿记载的资金，凡原已贴花的部分可不再贴花，未贴花的部分和以后新增加的资金按规定贴花。"

（二）企业分立的税务处理与会计处理比较

1. 新设分立下与会计处理的比较

新设分立是指将被分立企业分立组成两个或两个以上的新公司（即分立企业），被分立企业不需要经过法定的清算程序即可宣告解散。

企业经批准采取新设分立方式时，应当对原企业各类资产进行全面清查登记，对各类资产及债权债务进行全面核对查实，编制分立日的资产负债表及财产清册。分立后的两个或两个以上的分立企业，其资产、负债和股东权益均以评估价值作为入账价值，将注册资本计入"股本"或"实收资本"科目，评估价值高于注册资本的部分计入"资本公积"科目。

因此，应税新设分立情形下，由于分立企业接受被分立企业资产会计上按评估价值入账，税收上也允许按评估价值在税前扣除，会计与税法规定一致。然而，在免税新设分立下，分立企业接受被分立企业资产会计上按评估价值入账，税收上只允许按原账面价值在税前扣除。当资产的评估价值（入账价值）大于原账面价值（计税基础）时，形成递延所得税负债，即借记"所得税费用"科目，贷记"递延所得税负债"科目；当资产的入账价值小于计税基础时，形成递延所得税资产，即借记"递延所得税资产"科目，贷记"所得税费用"科目。在资产耗用或处置时递延所得税资产或递延所得税负债转销。

2. 存续分立下与会计处理的比较

存续分立是指将被分立企业的一个或多个没有法人资格的营业分支机构分立出去成立新的公司，将新公司的股份部分或全部分配给被分立公司的股东，且被分立公司依然存续经营。

无论分立企业有没有增加新的投资者，被分立企业只需将进入分立企业的资产、负债以原账面价值为基础结转确定，借记负债类科目，贷记资产类科目，差额借记权益类科目。如为免税分立，被分立企业无需就分离资产的所得交税；如为应税分立，被分立企业需就分离资产的所得交纳所得税。

对于分立企业，当无新的投资者加入时，会计上可以按分离资产的原账面价值或评估价值作为入账价值；有新的投资者加入时，分立企业则以评估价值或各出资人商议的价值为基础确定接受被分立企业的资产和负债的成本。计税基础则因应税分立或免税分立而不同，具体情况如下：

在应税存续分立情形下，当有新投资者加入时，分立企业接受资产的入账价值与税法允许税前扣除的计税基础一致，均是评估价值。无新投资者加入时，分立企业接受资产的入账价值如为分离资产的原账面价值，则会计与税法存在差异，因为税收上允许按评估的价值在税前扣除；如为分离资产的评估价值，则会计与税法规定一致。

在免税存续分立情形下，当有新投资者加入时，分立企业接受资产的入账价值为评估价值，而税法允许扣除的只能是原账面价值，二者存在暂时性差异。无新投资者加入时，分立企业接受资产的入账价值如为分离资产的原账面价值，由于税收上也只允许按原账面价值在税前扣除，会计与税法规定一致；如为分离资产的评估价值，则会计与税法存在差异，因为税收上只允许按原账面价值在税前扣除。

当资产的入账价值大于计税基础时，形成递延所得税负债，即借记"所得税费用"科目，贷记"递延所得税负债"科目；当资产的入账价值小于计税基础时，形成递延所得税资产，即借记"递延所得税资产"科目，贷记"所得税费用"科目。在资产耗用或处置时，递延所得税资产或递延所得税负债转销。

四、企业分立的税收筹划要点

（一）筹划支付方式实现免税分立

筹划原理：以通过支付方式的筹划，采用免税分立，减轻所得税的税收负担和延期纳税；公司分立前尚未弥补的亏损，可以在剩余年限内由分立企业延续弥补。

（二）筹划适用税率降低总体税负

筹划原理：通过分立使原本适用高税率的一个企业，分解成两个甚至更多个新企业，单个新企业应纳税所得额大大减少，使之适用小型微利企业；或者通过分立，使之符合高新技术企业的优惠，于是所适用的税率也就相对较低，从而使企业的总体税收负担低于分立前的企业。

【案例】 某建筑安装公司主要经营工程承包建筑、安装和各种建筑装饰劳务，2013年度共实现应纳税所得额200万元，其中建筑、安装和装饰劳务的年度应纳税所得额分别为145万元，30万元，25万元。企业职工人数为100人，资产总额为3,000万元，则2013年度，该建筑安装公司的企业所得税为多少？应如何进行税收筹划？

政策规定：小型微利企业，是指从事国家非限制和禁止行业，并符合下列条件的企业：

（一）工业企业，年度应纳税所得额不超过30万元，从业人数不超过100人，资产总额不超过3,000万元；

（二）其他企业，年度应纳税所得额不超过30万元，从业人数不超过80人，资产总额不超过1,000万元。

"从业人数"是指与企业建立劳动关系的职工人数和企业接受的劳务派遣用工的人数之和；从业人数和资产总额指标，按企业全年月平均值确定，具体计算公式如下：月平均值=（月初值+月末值）÷2；全年月平均值=全年各月平均值之和÷12。年度中间开业或者终止经营活动的，以其实际经营期作为一个纳税年度确定上述相关指标。

"资产总额"按企业年初和年末的资产总额平均计算。即按照相关会计准则和制度编报的当年度资产负债表中的资产总额确定。年度资产总额=（期初资产总额+期末资产总额）/2。

由于小型微利企业没有终身制，是否享受小型微利企业的优惠政策，要根据企业当年的实际情况而定。根据政策法律依据，小型微利企业要同时符合以下五个条件：

一是从事国家非限制和禁止行业。

二是年度应纳税所得额不超过30万元。

三是从业人数在一定范围内，工业企业不超过100人，其他企业不超过100人。

四是资产总额在一定范围内，工业企业不超过3,000万元，其他企业不超过1,000万元。

五是建账核算自身应纳税所得额必须是国内的居民企业。

因此，符合以上五个条件的小型微利企业，才能享受20%的优惠企业所得税税率的税收优惠政策。

分析：如果一个企业大大超过小型微利企业的标准，完全可以把该企业进行分立，组成几个小型微利企业，每个小型微利企业经营某一方面的专业业务，可以减轻企业所得税的纳税负担。但要权衡公司分立所花费的各种成本，如注册费、各种管理费用，与节税效益及公司未来的业务发展规划战略，慎重决策。

根据案例中的情况，该建筑安装公司2013年度的企业所得税为200万元×25%=50万元。

筹划方案：把建筑安装公司进行分立，设立甲、乙、丙三个独立的公司，其中甲对乙和丙实行100%控股，三者分别经营建筑、安装和装饰业务。其中甲、乙、丙三个子公司的年职工人数分别为50人，30人，20人。资产总额都各自为1,000万元。

根据筹划方案，乙和丙符合小型微利企业的标准，可以享受20%的优惠企业所得税税率。基于此，甲、乙、丙2013年度的企业所得税分别为145万×25%=36.25万元，30万×20%=6万元，25万×20%=5万元，总的税负为36.25万元+6万元+5万元=47.25万元，比筹划前节省50万元-47.25万元=2.75万元。

但是，应注意由于企业所得税按月（季）预缴，按年汇算清缴，预缴时并不能预知全年的实际情况，所以要根据上一年的情况认定是否符合小型微利企业的条件。尽管预缴时是小型微利企业，按20%税率预缴，但如果利润多了，或者员工多了，或者资产多了，就不是小型微利企业了，就按25%税率汇算清缴。反之，如果预缴时不是小型微利企业，按25%税率预缴，但利润少了，同时员工少了，资产也少了，汇算清缴时也可以按20%优惠税率清缴。

因此，企业要安排好年应纳税所得额，不要超过小型微利企业的年应纳税所得额、职工人数和资产总额的临界点。

（三）筹划进项税额增加抵扣

筹划原理：通过分立增加增值税进项。通过将特定的产品生产归于单独的生产企业，避免混业经营。

【案例】 甲乳品厂采用"一条龙"的生产方式，内部设有牧场和乳品加工分厂两个分部，牧场生产鲜奶（其中鲜奶的市场价格为30,000万元），此鲜奶经乳品加工分厂加工成花色奶产品后出售，2006年销售收入达50,000万元。饲养奶牛所消耗的饲料，包括草料及精饲料，其中草料大部分向农民收购，共收购草料5,000万元，另外从生产、经营饲料单位购进精饲料5,000万元。此外牧场购入辅助生产用品100万元。

方案一：仍然采用"一条龙"的生产方式。

依据税法规定可知，由于该厂属于工业生产企业，不属于农业生产企业，其最终产品也是非农产品，因而其加工出售的产品不享受农业生产者自产自销的免税待遇。同时，该企业可以抵扣的进项税额主要是饲养奶牛所消耗的饲料，其中草料大部分向农民收购，因为收购部分可经税务机关批准后，按收购额的13%扣除进项税额。而精饲料由于前道环节（生产、经营饲料单位）

按现行政策实行免税，因而乳品厂购进精饲料无法取得进项税额抵扣凭证（增值税进项专用发票）。所以，乳品厂的抵扣项目，仅为收购的5,000万元草料的13%以及购入的100万元辅助生产用品的17%。

该企业生产的产品花色奶，适用17%的基本税率，全额按17%的税率计算销项税额，由于进项税额小，导致该乳品厂承担较高的税负。

该企业应交增值税=50,000×17%-5,000×13%-100×17%=7,833万元

方案二：将牧场和乳品加工厂分立为两个独立法人，分别办理工商登记和税务登记，但在生产协作上仍按以前程序处理，即牧场生产的鲜奶仍供应给乳品加工厂加工销售，但牧场和乳品加工厂之间按正常的购销关系结算。

分析：这样处理，将产生以下两方面效果：

一方面，作为牧场，由于其自产自销未经加工的农产品（鲜牛奶），符合农业生产者自销农业产品的条件，因而可享受免税待遇，税负为零（同时，购买的5,000万元草料的进项税额也不得抵扣），销售给乳品加工厂的鲜牛奶价格按正常的成本利润率核定。

另一方面，作为乳品加工厂，其购进牧场的鲜牛奶，可作为农产品收购处理，可按收购额13%的进项税额，这部分进项税额已远远大于原来草料收购额的13%，而销售最终产品，仍按原办法计算销项税额。

该企业应交增值税=50,000×17%-30,000×17%-100×17%=3,383万元

由此可知，采用分立的方式生产经营可少交增值税4,450万元（7,833-3,383=4,450万元）。

【案例】 乐华制药厂主要生产抗菌类药物，也生产避孕药品。2006年该厂抗菌类药物的销售收入为400万元，避孕药品的销售收入为100万元。全年购进货物的增值税进项税额为40万元。该厂是否要把避孕药品车间分立出来，单独设立一个药厂呢？

分析：

合并经营时可抵扣的进项税额=40-40×100÷500=32万元

另外设立一个制药厂：如果避孕药品的进项税额为5万元，则乐华制药厂可抵扣的增值税进项税额为35万元，大于合并经营时的32万元，可多抵扣3

万元，此时分立一个制药厂对乐华制药厂有利。

如果避孕药品的增值税进项税额为10万元，则乐华制药厂可抵扣的进项税额为30万元，小于合并经营时的32万元，则采用合并经营较为有利。

从上面的分析可以看出，当免税产品的增值税进项税额占全部产品增值税进项税额的比例小于免税产品销售收入占全部产品销售收入的比例时，分立经营比较有利，且免税产品的增值税进项税额占全部产品增值税进项税额的比例越小，分立经营越有利。

第二节 债务重组

一、债务重组概述

（一）债务重组的定义

债务重组又称债务重整，是指债权人在债务人发生财务困难的情况下，债权人按照其与债务人达成的协议或者法院的裁定作出让步的事项。

企业到期债务不能按时偿还时，有两种方法解决债务纠纷：一是债权人采用法律手段申请债务人破产，强制债务人将资产变现还债；二是修改债务条件，进行债务重组。采用破产程序，债务企业的主管部门可能申请整顿并与债权人会议达成和解协议，此时破产程序终止。即使进入破产程序，也可能因相关的过程持续时间很长，费时费力，最后也难以保证债权人的债权如数收回。采用债务重组，既可避免债务人破产清算，给其重整旗鼓的机会；又可使债权人最大限度地收回债权款额，减少损失。

（二）债务重组的方式

企业之间的债务重组方式有五种：一是以低于债务计税成本的现金清偿债务；二是以存货、短期投资、固定资产、长期投资、无形资产等非现金资产清偿债务；三是债务转换为资本，包括国有企业债转股；四是修改其他债务条件，如延长债务偿还期限、延长债务偿还期限并加收利息、延长债务偿还期限并减少债务本金或债务利息等；五是以上四种方式的混合重组。债务重组在企业日常经营中已经越来越普遍，通过债务重组既可使债权人及时收回债权，又能减轻债务人的筹资压力，但重组过程中会涉及多个税种，如增值税、营业税、企业所得税、契税、土地增值税等，合理地筹划债务重组方式可以适当降低重组双方企业的税负。

二、债务重组的会计处理

（一）以现金清偿债务的会计处理原则

1. 债务人的会计处理原则

以现金清偿债务的，债务人应当将重组债务的账面价值与实际支付现金之间的差额，计入当期营业外收入。

2. 债权人的会计处理原则

以现金清偿债务的，债权人应当将重组债权的账面余额与收到的现金之间的差额，计入当期损益（营业外支出）；债权人已对债权减值准备的，应当先将该差额冲减减值准备，减值准备不足以冲减的部分，计入"营业外支出"；坏账准备的多提额抵减当期资产减值损失。

（二）以非现金资产清偿债务的会计处理原则

1. 债务人的会计处理原则

以非现金资产清偿债务的，债务人应当将重组债务的账面价值与转让的非现金资产公允价值之间的差额，计入当期损益（营业外收入）。转让的非现金资产公允价值与其账面价值之间的差额，计入当期损益。抵债资产公允价值与账面价值的差额，应当分别以下情况处理：

抵债资产为存货的，应当视同销售处理，按存货的公允价值确认商品销售收入，同时结转商品的销售成本，认定相关的税费；

抵债资产为固定资产、无形资产的，其公允价值和账面价值的差额，计入营业外收入或营业外支出；

抵债资产为长期股权投资的，其公允价值和账面价值的差额，计入投资收益。

2. 债权人的会计处理原则

以非现金资产清偿债务的，债权人应当对受让的非现金资产按其公允价值入账，重组债权的账面余额与受让的非现金资产的公允价值之间的差额，在符合金融资产终止确认条件时，计入当期损益（营业外支出）；债权人已对债权减值准备的，应当先将该差额冲减减值准备，减值准备不足以冲减的部分，计入"营业外支出"；坏账准备的多提额抵减当期资产减值损失。

（三）债转股方式的会计处理原则

1. 债务人的会计处理原则

将债务转为资本的，债务人应当将债权人放弃债权而享有股份的面值总额确认为股本（或者实收资本），股份的公允价值总额与股本（或者实收资本）之间的差额确认为资本公积。重组债务的账面价值与股份的公允价值总额之间的差额，计入当期损益（营业外收入）。

2. 债权人的会计处理原则

将债务转为资本的，债权人应当将享有股份的公允价值确认为对债务人的投资，重组债权的账面余额与股份的公允价值之间的差额，比照以非现金资产清偿债务的债务重组会计处理规定进行处理。债权人已对债权计提减值准备的，应当先将该差额冲减减值准备，减值准备不足以冲减的部分，计入"营业外支出"；坏账准备的多提额抵减当期资产减值损失。

（四）修改其他债务条件

1. 债务人的会计处理原则

修改其他债务条件的，债务人应当将修改其他债务条件后债务的公允价值作为重组后债务的入账价值。重组债务的账面价值与重组后债务的入账价值之间的差额，计入当期损益（营业外收入）。

修改后的债务条款如涉及或有应付金额，且该或有应付金额符合《企业会计准则第13号——或有事项》中有关预计负债确认条件的，债务人应当将该或有应付金额确认为预计负债。重组债务的账面价值，与重组后债务的入账价值和预计负债金额之和的差额，计入当期损益（营业外收入）。

或有应付金额，是指需要根据未来某种事项出现而发生的应付金额，而且该未来事项的出现具有不确定性。

2. 债权人的会计处理原则

修改其他债务条件的，债权人应当将修改其他债务条件后的债权的公允价值作为重组后债权的账面价值，重组债权的账面余额与重组后债权的账面价值之间的差额，比照以现金清偿债务的债务重组会计处理规定进行处理。

修改后的债务条款中涉及或有应收金额的，债权人不应当确认或有应收金额，不得将其计入重组后债权的账面价值。

或有应收金额，是指需要根据未来某种事项出现而发生的应收金额，而且该未来事项的出现具有不确定性。

（五）混合清偿的会计处理原则

1. 债务人的会计处理原则

债务重组是以现金清偿债务、非现金资产清偿债务、债转股、修改其他债务条件等方式的组合进行的，债务人应当依次以支付的现金、转让的非现金资产公允价值、债权人享有股份的公允价值冲减重组债务的账面价值，再按照修改其他债务条件的债务重组会计处理规定进行处理。

2. 债权人的会计处理原则

债务重组是以现金清偿债务、非现金资产清偿债务、债转股、修改其他债务条件等方式的组合进行的，债权人应当依次以收到的现金、接受的非现金资产公允价值、债权人享有股份的公允价值冲减重组债权的账面余额，再按照修改其他债务条件的债务重组会计处理规定进行处理。

三、债务重组的税务处理

（一）以低于债务计税成本的现金清偿债务

在企业债务重组中，以低于债务计税成本的现金清偿债务在税务处理上只涉及企业所得税。债务人应将重组债务的计税成本与实际的现金金额之间的差额确认为债务重组所得，计入当期应纳税所得额，期末计算出重组所得应交纳的所得税。对于债权人来说，应将重组债权的计税成本与实际收到的现金之间的差额确认当期损失，冲减应纳税所得额。

（二）以非现金资产清偿债务

企业在债务重组中，可以存货、以短期投资、固定资产、长期投资、无形资产等非现金资产清偿企业债务。以存货清偿债务所涉及的税种不仅包括所得税，还涉及流转税，包括消费税和增值税；以短期投资、固定资产、长期投资、无形资产等其他非现金资产清偿债务所涉及的税种包括所得税、营业税等。债务人以非现金资产清偿债务，除企业改组或者清算另有规定外，应当分解为按公允价值转让非现金资产，再以与非现金资产公允价值相当的金额偿还债务两项经济业务进行企业所得税处理，债务人应当确认有关资产的转让所得（或损失）；债权人取得的非现金资产，应当按照该有关资产的公允价值（包括与转让资产有关的税费）确定其计税成本，据以计算可以在企业所得税税前扣除的固定资产折旧费用、无形资产摊销费用或者结转商品销售成本等。

（三）以债务转为资本

在以债务转换为资本方式进行的债务重组中，除企业改组或者清算另有规定外，债务人应当将重组债务的账面价值与债权人因放弃债权而享有的股权的公允价值之间的差额，确认为债务重组所得，计入当期应纳税所得额；债权人应当将享有的股权的公允价值确认为该项投资的计税成本，并将重组债务的计税成本与收到的非现金资产或享有的股权的公允价值之间的差额，确认为当期债务重组所得或损失，调整当期应纳税所得额。

（四）修改其他债务条件

修改其他债务条件包括延长债务偿还期限并加收利息，延长债务偿还期限并减少债务本金或债务利息等。以修改其他债务条件进行债务重组的，债务人应当将重组债务的计税成本减计至将来应付金额，减计的金额确认为当期债务重组所得；债权人应当将债权的计税成本减计至将来的应收金额，减计的金额确认为当期的债务重组损失。

（五）混合重组

债务重组业务中债权人对债务人的让步，包括以低于债务计税成本的现金、非现金资产偿还债务等，债务人应当将重组债务的计税成本与支付的现金金额或者非现金资产的公允价值（包括与转让非现金资产相关的税费）的差额，确认为债务重组所得，计入企业当期的应纳税所得额中。同时，债务人用以抵偿债务的非现金资产，应视同销售，其账面价值和公允价值之间的差额应视为转让非现金资产的损益。债权人应当将重组债权的计税成本与收到的现金或者非现金资产的公允价值之间的差额，确认为当期的债务重组损失，冲减当期应纳税所得额。

四、债务重组的税收筹划及案例分析

（一）变债务重组销售折让为后期购货折扣

筹划原理：现实生活中经常会发生购货方由于经营困难，无法及时足额支付货款，这时销货方为加速资金回笼，对债务进行重组，会给予购货方一定的货款折让。债权人给予债务人货款折让的债务重组，债权人要考虑债务重组损失是否涉及增值税计税依据发生变化，债务人要考虑债务重组所得是否涉及进项税额的转出，否则会带来纳税风险。

【案例】 甲企业从乙企业购买一批产品，含税价格为234万元，甲企业发生财务困难，无法按合同规定偿还债务。通过债务重组，乙企业同意对甲企业购货赊欠的货款给予35.1万元的折扣。这样，债权人乙可以在签订重组协议后及时收回欠款。

分析：对债务人甲来说，根据《增值税暂行条例实施细则》第十一条的规定，因进货退出或折让而收回的增值税额，应从发生进货退出或折让当期的进项税额中扣减。故债务人甲应该转出进项税额＝35.1÷（1+17%）×17%=5.1万元。如果债务人甲不转出进项税额，会面临受到增值税处罚的风险。

对债权人乙来说，按照《增值税暂行条例实施细则》第十一条规定，一般纳税人因销货退回或折让而退还给购买方的增值税额，应从发生销货退回或折让当期的销项税额中扣减。因而35.1万元折让额应冲减销售收入和销项税额，但是234万元销货款已按全额开具了增值税专用发票，按规定已申报了全部销售收入200万元和销项税额34万元，这样，就造成了多缴增值税5.1万元。虽然在所得税税前扣除上抵减了25%的所得税，但还是造成利益损失3.825万元［5.1×（1-25%）］。如果债权人和债务人还将在今后的业务中发生购销活动，双方可以达成如下协议：债权人将在以后销售给债务人货物时，分期分批给予35.1万元的折扣，即将债务重组事项转为后期销售折扣，既可以减少债权人增值税损失，也不会给债务人带来增值税处罚风险。

债权人在开具发票时，将折扣额与销售额开具在同一张发票上，可按折扣后的销售额计算征收增值税。这样债权人35.1万元折扣部分的增值税销项税额5.1万元，在后期销售折扣中得到扣减；债务人取得的35.1万元折扣收入，不需要再作进项税额转出处理，消除了纳税处罚风险。由于债务人没有发生实际损失，且符合双方合作要求和利益，因此该方法是可行的。

（二）以货抵债不如先销售后抵债

筹划原理：纳税人用自产的应税消费品抵偿债务，虽然没有发生直接销售行为，但仍是一种有偿转让应税消费品所有权的行为，按照税法规定，应当按纳税人销售同类应税消费品的最高销售价格作为计税依据计算应交纳的消费税。这时我们可以先用较低的销售价格按正常销售手续将应税消费品销售给债权人，然后再通过有关账户调整抵减"应付税款"，这样可以减少企业应交的消费税。

【案例】 甲汽车公司2009年12月对外销售A型小汽车200台，当月平均对外销售价格为20万元/台，最高销售价格为25万元/台，最低销售价格为15万元/台，另外甲企业欠乙企业250万元的债务，到期无法偿还，双方协商用10台小汽车抵偿该欠款，假设A型小汽车的消费税税率为5%，每辆小汽车的成本价为10万元，城建税税率为7%，如何筹划可使双方税负最低，现有如下两个方案：

方案一：直接用10台小汽车（市场公允价值20万元/台）抵偿甲公司欠乙公司的250万元的债务。

方案二：甲公司先将10台小汽车以15万元/台的价格销售给乙公司，然后用该金额偿还欠乙公司的债务，不足偿还的部分，甲乙公司协商予以豁免。

分析：

采取方案一：

（1）甲公司涉税情况如下：

应交增值税 =20×10×17%=34（万元）

应交消费税 =25×10×5%=12.5（万元）

应交城建税及教育费附加 =（34+12.5）×（7%+3%）=4.65（万元）

应缴所得税 =[（20-10）×10-12.5-4.65+（250-20×10-34）]×25%=24.71（万元）

甲公司在债务重组中的总税负 =34+12.5+4.65+24.71=75.86（万元）

（2）乙公司涉税情况如下：

可抵扣增值税进项税额 34 万元

债务重组损失 =250-200-34=16（万元），可调减应纳税所得额 16 万元，抵减所得税 4 万元（16×25%）。

合计扣税：34+4=38（万元）

采取方案二：

（1）甲公司涉税情况如下：

应交增值税 =15×10×17%=25.5（万元）

应交消费税 =15×10×5%=7.5（万元）

应交城建税及教育费附加 =（25.5+7.5）×（7%+3%）=3.3（万元）

应交所得税 =[（15-10）×10-7.5-3.3+（250-15×10-25.5）]×25%=28.425（万元）

甲公司在债务重组中的总税负 =25.5+7.5+3.3+28.425=64.725（万元）

（2）乙公司涉税情况如下：

可抵扣增值税进项税额 25.5 万元

债务重组损失 =250-150-25.5=74.5（万元），可调减应纳税所得额 74.5 万元，抵减所得税 18.625 万元（74.5×25%）。

合计扣税：25.5+18.625=44.125（万元）

通过方案一和方案二的对比，可以实施方案二，甲公司可以少纳税 11.135 万元（75.86-64.725），乙公司可以多扣税 6.125 万元（44.125-38），可见将货物直接抵债转换为将货物先销售后抵债能同时减轻债务人和债权人双方的税负。

（三）以不动产抵债的筹划

筹划原理：当债务人以房产抵偿债务时，为了达到降低债权人和债务人双方税负的目的，在债务重组时债权人和债务人双方可以采取以下方式进行税收筹划：首先，债权人豁免债务人所欠的部分债务，然后双方可在重组协议中约定以房产的协议价（市场价、账面净值）为计价基础，再以此价格抵偿所剩余的债务。经过这样有效的税收筹划就可达到预定目标。

【案例】 2009年甲公司欠乙公司贷款本息合计2,200万元，其中本金2,000万元，利息200万元。甲公司由于自身经营不善，难以偿还乙公司的借款本息。双方公司协商，决定进行债务重组。乙公司同意甲公司以一座位于繁华市区的房产来抵偿其所欠全部贷款本息。该房产原购置成本1,200万元，已提折旧200万元，不考虑残值。房产的市场价约为2,000万元，评估价值为2,200万元，税务机关核定其扣除项目金额为1,350万元（含交易所涉及的各种税费）。假设该地区契税税率3%，营业税税率5%，城建税税率7%。甲乙两公司有如下两个方案进行房产抵债重组。

方案一：重组协议约定甲公司以房产的评估价2,200万元抵偿乙公司的全部贷款本息。

方案二：两公司协商，首先乙公司豁免甲公司所欠的利息200万元，然后以市场价为基础，甲公司房产作价2,000万元抵偿所欠贷款本金。

分析：

采取方案一：

（1）甲公司的交税情况如下：

应交营业税=（2,200-1,200）×5%=50（万元）

应交城建税和教育费附加=50×（7%+3%）=5（万元）

应交印花税=2,200×0.5‰=1.1（万元）

应交土地增值税=（2,200-1,350）×40%-1,350×5%=272.5（万元）

应交所得税=[2,200-（1,200-200）-50-5-1.1-272.5]×25%=217.85（万元）

甲公司在债务重组中的总税负=50+5+1.1+272.5+217.85=546.45（万元）

（2）乙公司的交税情况如下：

应交营业税=200×5%=10（万元）

应交城建税和教育费附加=10×（7%+3%）=1（万元）

应交契税=2,200×3%=66（万元）

应交印花税=2,200×0.5‰=1.1（万元）

应交所得税=（200-10-1-66-1.1）×25%=30.48（万元）

乙公司在债务重组中的总税负 =10+1+66+1.1+30.48=108.58（万元）

采取方案二：

（1）甲公司的交税情况如下：

应交营业税 =（2,000-1,200）×5%=40（万元）

应交城建税和教育费附加 =40×（7%+3%）=4（万元）

应交印花税 =2,000×0.5‰=1（万元）

应交土地增值税 =（2,000-1,350）×30%=195（万元）

应交所得税 =[200+2,000-（1,200-200）-40-4-1-195]×25%=240（万元）

甲公司在债务重组中的总税负 =40+4+1+195+240=480（万元）

（2）乙公司的交税情况如下：

应交契税 =2,000×3%=60（万元）

应交印花税 =2,000×0.5‰=1（万元）

应交所得税 =-（200+60+1）×25%=-65.25（万元）

乙公司在债务重组中的总税负 =60+1-65.25=-4.25（万元）

从上述两个方案的比较可以看出，采取方案二，甲公司可节税66.45（546.45-480）万元，乙公司可节税112.83（108.58+4.25）万元。显然，在债务重组中，如果债务人以其拥有的房产抵偿债务，债权人在适当豁免债务人所欠债务的同时，促使债务人降低抵债房产在抵债时的作价，就完全可以达到降低债权人和债务人双方税收负担的目的。

第三节　企业清算

一、企业清算概述

（一）企业清算的定义及界定

企业清算是指企业解散后，为最终了结现存的财产和其他法律关系，依照法定程序，对企业的财产和债权债务关系进行清理、处分和分配，以了结其债权债务关系，从而消灭公司法人资格的法律行为。公司清算必须结清其作为独立纳税人的所有税务事项。公司除因合并或分立而解散外，其他原因引起的解散，均须经过法定的清算程序。公司清算的范围为公司的出资、资产、债权、债务的审查。首先，公司的清算是基于公司面临终止的情况发生的。根据我国公司法的规定，公司终止的原因有两种，一种是公司的解散。公司的解散有强制解散和自愿解散两种情形。另一种是公司的破产，即公司基于宣告破产而终止。这两种情况下都会引起公司的清算，只是清算组织和清算程序存在不同。

其次，公司的清算为负有公司清算义务的主体按照法律规定的方式、程序而为的行为。在公司的清算中，明确公司清算的义务主体尤为重要，但遗憾的是，我国法律关于这方面的规定还相当滞后。我国公司法只有关于清算组的概念，但是没有明确的清算主体的概念。公司的清算主体应为基于自己对公司的资产享有权益或者基于对公司的重大管理权限而被法律确定为公司在清算时组织公司清算的义务主体。

它不同于清算组，清算组应为清算主体任命或者选定具体操作公司清算事宜的临时性组织。二者具体区别如下：清算主体一般与公司存在资产投资或者对公司拥有重大管理权限，而清算组则不限于此，其可以是清算主体选定或者任命的任何人士，比如会计师、律师等与公司没有任何实质性权益的人员来担任。公司的清算主体对相关债权人负责，其不仅承担清算责任，而且还有可能承担清算不利产生的赔偿责任。公司的清算组则对清算主体负责，并在一定程度上代表公司。其不直接对债权人负责（破产计算除外）。此外，清算主体不因公司清算完毕而当然消灭，但是，清算组一般会基于公司的清算完毕、法人人格的终止而消灭。区分开二者的区别后，我们更加认识到确定清算主体的重要性。关于不同情况下公司清算主体的确定，我们将在后文详细论述。公司的清算是清算主体的义务行为，同时法律必须规定清算时的程序和方法。公司的清算涉及股东、债权人、债务人、担保人、公司职员的利益，并与一些社会公共利益相联系。因此，公司清算必须公正、客观地反映公司实际情况、公正处理相关的利益纠纷。而要想结果公正，从自然法的角度上讲，就离不开相关程序正义的保障。因此，公司的清算必须是以科学的程序和方法予以规制的行为。目前，我国关于公司清算的具体程序的规定过于简陋，缺乏操作性，严重影响了公司清算的公正性。因此，完善公司清算的程序是设计公司清算制度的重要内容。

再次，公司清算的范围为公司的出资、资产、债权、债务的审查。公司的出资不仅涉及公司存续时股东权益的分配，而且在公司终止时，其将直接影响公司股东对剩余财产的分配，更重要的是，出资还是公司债务人利益的根本保证。因此，在公司清算的时候一定要核验股东的出资。核验完公司的出资后，重点应当清查公司资产包括债权、债务，并分析债权债务的性质、清偿和收回的合理性依据。对这些事项的清算，一是要清偿公司的债权，二是要完全回收公司的债务，而且要安置公司的职工，并为公司股东分配剩余财产提供合理的依据。

最后，公司清算的目的在于使得公司与其他社会主体之间产生的权利和义务归于消灭，从而为公司的终止提供合理依据。公司的终止涉及众多利益主体的切身利益，因此公司要终止，必须对相关权利义务予以处置和解决。因此，对公司进行清算自然为必要程序。通过对公司清算后，相关权利义务得以消灭和转移，公司才能最终终止。

学术界更多地将清算方式依据清算程序划分为破产清算与非破产清算。破产清算是指在公司不能清偿到期债务的情况下，依照破产法的规定所进行的清算。非破产清算则是指在公司解散时，在财产足以偿还债务的情况下，依照公司法的规定所进行的清算。非破产清算时，公司财产应分别支付清算费用、职工的工资、社会保险费用和法定补偿金。依据外商投资国内企业的背景，本文将清算方式分为产权转让清算模式和完全解散清算模式。

（二）企业清算的方式

1. 产权转让清算模式

产权转让式清算是指外商投资企业解散时，外方将资本转让给中方，中方支付外方应得的转让资本净值，由外商投资企业变为中方独资经营企业，原外商投资企业解散。这一方式一般适用于满期解散型企业。合资或合作合同期满，而继续经营还有前途的企业通常采用产权转让式清算。

2. 完全解散清算模式

完全解散式清算是指外商投资企业的各方投资者均不愿继续经营该企业，或不符合继续经营条件而进行的解散清算。企业在解散时，将所有的财产物资和负债逐一清算，将剩余的财产变换成现金，按出资比例全部分配完。这一方式适用于由特殊原因造成提前解散的企业。由于合资或合作一方不履行合同、章程规定的义务而致使企业无法继续经营下去，必须完全解散的，一切损失均由不履行义务的一方负责。

二、企业清算的会计处理

有关企业清算的会计处理，《企业会计制度》和《企业会计准则》均没有明确规定，现行唯一可以参考的文件为《财政部关于国有企业试行破产有关会计处理问题暂行规定》（财会〔1997〕28号）。该规定适用于国有企业破产，其他企业清算可以参考执行。

（一）破产企业会计处理的总体要求

破产企业在宣告破产并成立破产清算组后，应接受清算组的指导，协助清算组对企业的各种资产（包括流动资产、固定资产、长期投资、无形资产及其他资产）进行全面的清理登记，编造清册；同时，对各项资产损失、债权债务进行全面核定查实。

破产企业应于法院宣告破产日，按照办理年度决算的要求，进行财产清查，计算完工产品和在产品成本、结转各损益类科目、结转利润分配等，进行相关的账务处理。在此基础上编制宣告破产日的资产负债表、自年初起至破产日的损益表，以及科目余额表，报表格式和编制方法按现行会计制度有关规定执行；并将编制的会计报表报送主管财政机关、同级国有资产管理部门和企业主管部门。

破产企业按上述规定编制会计报表后，应向清算组办理会计档案移交手续。会计档案移交以前，企业应当按照《会计档案管理办法》妥善保管，任何单位和个人不得非法处理。

（二）企业清算具体的会计操作

清算组应当接管属于破产企业的财产，并对破产清算过程中的有关事项（如清算、变卖和分配财产等）加以如实的记录。

1. 科目设置

清算组应于清算开始日另立新账。清算组应设置以下会计科目：

（1）资产类

1) 现金，核算被清算企业的库存现金。

2) 银行存款，核算被清算企业存入银行的各种存款以及持有的外埠存款、银行汇票存款、银行本票存款、信用证存款等。

3) 应收票据，核算被清算企业持有的商业汇票，包括商业承兑汇票和银行承兑汇票。

4) 应收款，核算被清算企业除应收票据以外的各种应收款项。

5) 材料，核算被清算企业库存以及在途的各种材料的实际成本。

6) 半成品，核算被清算企业尚未完工产品的实际成本。被清算企业的自制半成品在本科目核算。

7) 产成品，核算被清算企业库存的各种产成品、代制代修品等的实际成本。被清算企业的外购商品也在本科目核算。

8) 投资，核算被清算企业持有的各种投资，包括股票投资、债券投资和其他投资。

9) 固定资产，核算被清算企业所有的固定资产的净值。

10) 在建工程，核算被清算企业尚未完工的各项工程的实际成本。被清算企业的库存工程物资的实际成本以及预付工程款，也在本科目核算。

(2) 负债类

1) 借款，核算被清算企业需偿还的各种借款，包括短期借款、长期借款。

2) 应付票据，核算被清算企业需偿付的商业汇票包括银行承兑汇票和商业承兑汇票。

3) 其他应付款，核算被清算企业需偿付的除应付票据以外的各种款项。

4) 应付工资，核算被清算企业需支付给职工的工资。

5) 应付福利费，核算被清算企业需支付给职工的福利费用。

6) 应交税金，核算被清算企业需缴纳的各种税金，如增值税、营业税、消费税、资源税、所得税等。企业尚未抵扣的期初进项税额，也在本科目核算，并应单独设置"期初进项税额"明细科目进行明细核算。

7) 应付利润，核算被清算企业需支付给投资者的利润。

8) 其他应交款，核算被清算企业需交纳的除应交税金、应付利润以外的其他各种需上缴的款项，包括教育费附加等。

9）应付债券，核算被清算企业需偿付的债券本息。

（3）清算损益类

1）清算费用，核算被清算企业在清算期间发生的各项费用。本科目应按发生的费用项目设置明细账。

2）土地转让收益，核算被清算企业转让土地使用权取得的收入以及土地使用权出让所得支付的职工安置费等。企业发生的与转让土地使用权有关的成本、税费，如应交纳的有关税金、支付的土地评估费用等，也在本科目核算。

3）清算损益，核算被清算企业在破产清算期间处置资产、确认债务等发生的损益。被清算企业的所有者权益，也在本科目核算。

清算组可根据被清算企业的具体情况，增设、减少或合并某些会计科目。

2. 有关账务处理

（1）结转期初余额

清算组应于清算开始日，根据破产企业移交的科目余额表，将有关会计科目的余额转入新的账务，并编制新的科目余额表。具体转账的账务处理如下：

1）将"库存现金"科目的余额转入新设置的"库存现金"科目。

2）将"银行存款"科目的余额和"其他货币资金"科目中的外埠存款、银行汇票存款、银行本票存款、信用证存款等明细科目的余额转入新设置的"银行存款"科目。

3）将"应收票据"科目的余额转入新设置的"应收票据"科目。

4）将"应收账款"、"预付账款"和"预收账款"各所属明细科目的借方余额和"其他应收款"科目的余额、"其他货币资金"科目中的"在途货币资金"明细科目的余额转入新设置的"应收款"科目。

5）将"材料采购"、"原材料"、"包装物"、"低值易耗品"、"材料成本差异"、"委托加工材料"等材料类科目的余额全部转入新设置的"材料"科目。

6）将"自制半成品"、"生产成本"、"制造费用"科目的余额转入新设置的"半成品"科目。

7）将"产成品"、"分期收款发出商品"等产品类科目的余额转入新设置的"产成品"科目。

8）将"短期投资"和"长期投资"科目的余额转入新设置的"投资"科目。

9）将"固定资产"科目的余额，减去"累计折旧"科目余额后的差额转入新设置的"固定资产"科目。

10）将"在建工程"科目的余额转入新设置的"在建工程"科目。

11）将"无形资产"科目的余额转入新设置的"无形资产"科目。

12）将"短期借款"、"长期借款"科目的余额转入新设置的"借款"科目。

13）将"应付票据"科目的余额转入新设置的"应付票据"科目。

14）将"应付账款"、"预付账款"、"预收账款"科目所属明细科目的贷方余额、"其他应付款"、"长期应付款"、"专项应付款"科目的余额转入新设置的"其他应付款"科目。

15）将"应付工资"和"应付福利费"科目的余额分别转入新设置的"应付工资"和"应付福利费"科目。

16）将"应交税金"、"应付利润"、"其他应交款"科目的余额分别转入新设置的"应交税金"、"应付利润"、"其他应交款"科目。将"待摊费用"科目中的"期初进项税额"明细科目的余额转入新设置的"应交税金"科目。

17）将"应付债券"科目的余额转入新设置的"应付债券"科目。

18）将"实收资本"、"资本公积"、"盈余公积"、"利润分配"各科目的余额转入新设置的"清算损益"科目。

19）将"坏账准备"科目的余额转入新设置的"清算损益"科目。

20）将尚未摊销的"待摊费用"（不包括"期初进项税额"明细科目余额）、"递延资产"科目的余额转入新设置的"清算损益"科目。

21）将尚未转销的"递延税款"科目的余额转入新设置的"清算损益"科目。

22）将预提但尚未支出的各项费用的余额，从"预提费用"科目转入新设置的"清算损益"科目。

23）将"待处理财产损益"、"待转销汇兑损益"科目的余额转入新设置的"清算损益"科目。

(2) 处理破产财产的账务处理

清算期间，处置破产财产、发生零星的产品销售收入和其他业务收入等，分别以下情况进行处理：

1）收回应收款等债权，按实际收回的金额或预计可变现金额，借记"银行存款"、"产成品"等科目，按应收金额和实收金额或预计可变现金额的差额，借记（或贷记）"清算损益"科目，按应收金额，贷记"应收款"、"应收票据"等科目。对于不能收回的应收款项，按核销的金额，借记"清算损益"科目，贷记"应收账款"等科目。

2）变卖材料、产成品等存货，按实际变卖收入和收取的增值税额，借记"银行存款"等科目，按其账面价值和变卖收入的差额，借记（或贷记）"清算损益"科目，按账面价值，贷记"材料"、"产成品"等科目，按收取的增值税额，贷记"应交税金——应交增值税（销项税额）"科目（小规模纳税企业贷记"应交税金——应交增值税"科目）。

破产清算期间发生零星、正常的产品销售行为，应比照上述规定进行会计处理。

3）清算期间取得的其他业务收入，应按实际收入金额，借记"银行存款"等科目，贷记"清算损益"科目；发生的税金等支出，借记"清算损益"科目，贷记"应交税金"等科目。

4）处置、销售产品等应缴纳的消费税等，借记"清算损益"科目，贷记"应交税金"科目。按交纳的增值税、消费税等流转税计算应缴的城市维护建设税、教育费附加等，借记"清算损益"科目，贷记"应交税金——应交城市维护建设税"、"其他应交款——应交教育费附加"科目。

5）变卖机器设备、房屋等固定资产以及在建工程，按实际变卖收入，借记"银行存款"等科目，按其账面价值和变卖收入的差额，借记（或贷记）"清算损益"科目，按账面价值，贷记"固定资产"、"在建工程"等科目。转让相关资产应缴纳的有关税费等，借记"清算损益"科目，贷记"应交税金"等科目。

6）转让商标权、专利权等资产，按其实际变卖收入，借记"银行存款"等科目，按实际变卖收入与账面价值的差额，借记（或贷记）"清算损益"科目，按资产的账面价值，贷记"无形资产"等科目；转让相关资产应缴纳的有关税费，借记"清算损益"科目，贷记"应交税金"等科目。

7）分回的投资收益，采用成本法核算的，按实际取得的款项金额，借记

"银行存款"等科目，贷记"清算损益"科目；采用权益法核算的，按实际取得的款项金额，借记"银行存款"等科目，贷记"投资"科目。

8) 转让对外投资，按实际取得的转让收入，借记"银行存款"等科目，按投资的账面价值与转让收入的差额，借记（或贷记）"清算损益"科目，按投资的账面价值，贷记"投资"等科目。

(3) 破产费用的账务处理

支付的破产清算费用，如清算期间职工生活费，破产财产管理、变卖和分配所需费用，破产案件诉讼费用，清算期间企业设施和设备维护费用，审计评估费用，为债权人共同利益而支付的其他费用（包括债权人会议会务费、破产企业催收债务差旅费及其他费用），应于支付有关费用时，按照实际发生额，借记"清算费用"科目，贷记"库存现金"、"银行存款"等科目。

(4) 转让土地使用权、支付职工有关费用的账务处理

转让土地使用权、支付离退休职工有关费用和职工安置费，应分别以下情况进行处理：

1) 转让土地使用权，按其实际转让收入，借记"银行存款"科目，按其账面价值，贷记"无形资产"科目（如土地原评估后记入"固定资产"科目的，应贷记"固定资产"科目），按实际转让收入与账面价值的差额，贷记"土地转让收益"科目转让原无偿划拨的土地，应按实际转让收入，借记"银行存款"科目，贷记"土地转让收益"科目；转让土地使用权应交纳的有关税费，借记"土地转让收益"科目，贷记"应交税金"等科目。

2) 从土地使用权转让所得中支付未参加养老、医疗社会保险的离退休职工的离退休费和医疗保险费，以及对自谋职业的职工支付一次性安置费，按实际支付金额，借记"土地转让收益"科目，贷记"库存现金"、"银行存款"科目。

3) 土地使用权转让所得不足支付职工安置费，以其他破产财产支付职工安置费，按实际支付金额，借记"清算损益"科目，贷记"库存现金"、"银行存款"科目。

(5) 清偿债务的账务处理

破产财产收入优先支付破产费用后，按法定的顺序清偿债务，应分别以下情况进行处理：

1）支付所欠职工工资和社会保险费等，按照实际支付金额，借记"应付工资""应付福利费"等科目，贷记"库存现金""银行存款"科目。在清算过程中发生的支付给职工的各种费用，应直接计入清算费用，不通过"应付工资""应付福利费"科目核算。

2）交纳所欠的税费，按实际缴纳的金额，借记"应交税金""其他应交款"科目，贷记"银行存款"等科目。

3）清偿其他破产债务，按实际清偿各种债务的金额，借记"应付票据""其他应付款""借款"等有关科目，贷记"库存现金""银行存款"等科目。

(6) 结转清算损益

清算终结时，应将有关科目的余额转入清算损益：

1）将"清算费用"科目的余额转入清算损益，借记"清算损益"科目，贷记"清算费用"科目。

2）将土地使用权转让净收益转入清算损益，借记"土地转让收益"科目，贷记"清算损益"科目。

3）将需要核销的各项资产、不能抵扣的期初进项税额转入清算损益，借记"清算损益"科目，贷记"材料""产成品""无形资产""投资""应交税金"等科目。

4）将应予注销的不再清偿的债务转入清算损益，借记"应付票据""其他应付款""借款"等科目，贷记"清算损益"科目。

5）破产财产按照法定顺序清偿后的剩余部分，按规定应上缴主管财政机关（或同级国有资产管理部门），上缴时，应按实际上缴的金额，借记"清算损益"科目，贷记"银行存款"等科目。如实际清算收入小于清算费用，应立即终止清算程序，未清偿的破产债务不再清偿，有关清算费用、清算损益的结转按上述规定处理。

3. 其他会计有关事项的处理

(1) 会计报表的编制

清算组接管破产企业财产后，应按以下规定编制会计报表，并接受受理破产的人民法院、主管财政机关和同级国有资产管理部门：

1）清算开始时，将有关科目余额转入有关新账后，应当编制清算资产负债表。

2）清算期间，应当按照人民法院、主管财政机关和同级国有资产管理部门规定的期限编制清算资产负债表、清算财产表、清算损益表。

3）清算终结时，应当编制清算损益表、债务清产表。

(2) 会计档案的移交

清算终结后，清算组应当将接受的会计账册等会计档案连同在清算期间形成的会计档案一并移交破产企业的业务主管部门，具体计算公式如下：

1）纳税人全部清算财产变现损益＝存货变现损益＋非存货变现损益＋清算财产损益

2）纳税人的净资产或剩余财产＝纳税人全部清算财产变现损益－应付未付职工工资、劳动保险费等－清算费用－拖欠的各项税金－尚未偿还的各项债务－收取债券损失＋偿还债务的收入

3）纳税人的清算所得＝企业的净资产或剩余财产－企业累计未分配利润－税后利润提取的各项基金结余－企业的资本公积金－企业的盈余公积金＋企业法定财产重估增值＋企业接受捐赠的财产价值－企业的注册资本金

【案例】 甲公司处于破产清算程序当中，企业资产情形如下：

1. 公司固定资产原值 46,000，折旧 20,000，清算价 24,000；

2. 产成品 A 产品账面金额 25,000，B 产品，8,000，A 产品清算价，20,000，B 产品，7,000；

3. 在产品 A 产品，100,000，B 产品，200,000，清算价 A 产品，80,000，B 产品，150,000；

4. 原材料 15,000，清算价 10,000；

5. 低值易耗未摊销 3,000，低值易耗清算转让价 5,000；

资产已全部清理完，发票已开款未收。

以上情形的会计处理如下所示：

1. （属 2009 年前设备增值税 4% 减半）问题未明确暂按 17%

借：累计折旧	20,000
清算费用	26,000

贷：固定资产 46,000
　借：应收账款 24,000
　　贷：清算损益 20,512.82
　　　应交税费——应交增值税（销项税） 3,487.18

2.
　借：清算费用 33,000
　　贷：库存商品——A产品 25,000
　　　库存商品——B产品 8,000
　借：应收账款 27,000
　　贷：清算损益 23,076.92
　　　应交税费——应交增值税（销项税） 3,923.08

3.
　借：清算费用 300,000
　　贷：产品——A产品 100,000
　　　产品——B产品 200,000
　借：应收账款 230,000
　　贷：清算损益 196,581.20
　　　应交税费——应交增值税（销项税） 33,418.80

4.
　借：清算费用 15,000
　　贷：原材料 15,000
　借：应收账款 10,000
　　贷：清算损益 8,547.01
　　　应交税费——应交增值税（销项税） 1,452.99

5.
　借：清算费用 3,000
　　贷：低值易耗品 3,000
　借：应收账款 5,000
　　贷：清算损益 4,273.50

应交税费——应交增值税（销项税）　　　　　　　726.50
　6. 结转：
　　清算费用　　　　　　　　　　　　　　　　　　377,000
　　清算损益　　　　　　　　　　　　　　　　　　252,991.45
　　应交税费——应交增值税（销项税）　　　　　　43,008.55
　　应收账款　　　　　　　　　　　　　　　　　　296,000
借：清算损益　　　　　　　　　　　　　　377,000
贷：清算费用　　　　　　　　　　　　　　37,700
清算剩余财产按实收资本份额在各股东间分配；

三、企业清算的税收筹划及案例分析

（一）破产企业资本公积金的税收筹划

筹划原理：资本公积金中，除企业法定财产重估增值和接受捐赠的财产价值外，其他项目可从清算所得中扣除。对重估增值和接受捐赠，发生时计入资本公积，清算时并入清算所得予以课税。在其他条件不变的情况下，创造条件进行资产评估，以评估增值后的财产价值作为折旧计提基础，可以较原来多提折旧，抵减更多的所得税，从而减轻税负。

（二）解散日期选取的税收筹划

筹划原理：企业可通过改变企业清算日期，减少企业清算期间的应纳所得税额，就可以实现税收筹划的目的。

【案例】 某公司董事会于1999年5月20日向股东会提交解散申请书，股东会于5月25日通过，并作出决议，5月31日解散，6月1日开始正常清算。公司于开始清算后发现，年初1~5月底止公司预计可盈利8万元（适用税率33%）。于是，在尚未公告的前提下，股东会再次通过决议把解散日期改为6月15日，于6月16日开始清算。公司在6月1日~6月14日共发生费用14万元。按照规定，清算期间应单独作为一个纳税年度，即这14万元费用本属于清算期间费用，但因清算日期的改变，该公司1~5月由原盈利8万元变为亏损6万元。清算日期变更后，假设该公司清算所得为9万元。

清算开始日为 6 月 1 日时，1～5 月应纳所得税额如下：80,000×33%=26,400（元）

清算所得为亏损 5 万元，即 9 万元 −14 万元，不纳税，合计税额为 26,400 元。

清算开始日为 6 月 16 日时，1～5 月亏损 6 万元，该年度不纳税，清算所得为 9 万元，须抵减上期亏损后，再纳税。清算所得税额如下：（90,000−60,000）×33%=9,900（元）

两方案比较结果，通过税务筹划，后者减轻税负 16,500 元（26,400−9,900）。

【案例】 甲公司董事会于 2008 年 5 月 15 日向股东会提交了公司解散申请书，股东会于 5 月 18 日通过决议，决定公司于 5 月 30 日宣布解散，并于 6 月 1 日开始正常清算。甲公司在成立清算组前进行了内部清算，预计 2008 年 1−5 月盈利 80 万元，需要缴纳企业所得税 20 万元，开始清算后的清算所得为亏损 50 万元（公司适用税率为 25%），不需就清算所得缴纳所得税。请问企业可否通过税收筹划来减少公司所应缴纳的企业所得税呢？

分析：如果公司在尚未公告和进行税务申报的前提下，股东会再次通过决议将公司解散日推迟至 7 月 20 日，并于 7 月 21 日开始清算。于是，甲公司在 6 月 1 日至 7 月 20 日所发生的清算费用由 82 万元变为亏损 2 万元，公司不必缴纳其经营期的企业所得税。同时，公司清算期的亏损 50 万元变为有清算所得 32 万元，则：

公司清算所得弥补亏损 2 万元后，应纳税所得额 =32−2=30（万元）。

公司应就所得缴纳企业所得税 30×25%=7.5（万元）。

对比公司未筹划时应缴纳的 20 万元税收，公司可节税 12.5 万元。

（三）法定财产重估增值的税收筹划

筹划原理：由于法定财产重估增值形成的资本公积部分，在计算清算所得时不得扣除。企业在财产重估中发生增值的有关资产，平时能否按评估确认的价值确定计税成本，取决于对财产进行重估的原因。一般情况下，在全国统一组织的城镇集体企业的清产核资中以及企业发生合并或分立的产权重组中，可以按评估确认的价值确定计税成本，而企业进行股份制改造和企业对外投资中发生的资产评估增值，对已调整相关资产账户的评估增值部分，在计算应纳税所得额时不得扣除。因此，企业应创造条件进行允许按重估后的财产价值确定计税成本的财产评估，抵减更多的所得税，以达到减轻税负的目的。

企业清算时，应以清算期间作为一个纳税年度，清算所得应依法缴纳所得税。应缴纳的清算所得税，企业应于办理注销登记之前，向主管税务机关申请交纳。企业的清算所得可按下列公式计算：

全部清算财产变现损益＝存货变现损益＋非存货财产变现损益＋清算财产盘盈

净资产或剩余财产＝全部清算财产变现损益－应付未付职工工资、劳动保险费等－清算费用－企业拖欠的各项税金－尚未偿付的各项债务－收取债权损失＋偿还负债的收入（因债权人原因确实无法归还的债务）

清算所得＝净资产或剩余财产－累计未分配利润－企业税后提取的各项基金结余－资本公积金－盈余公积金＋法定财产估价增值＋接受捐赠的财产价值－注册资本金

应交清算所得税＝清算所得 × 适用税率

（四）重新设立新的企业继续享受有关优惠政策

筹划原理：当前我国内外资企业所得税制中，都规定有定期减免税优惠政策。针对这种定期减免税优惠，可以通过适时进行企业清算，重新设立新的企业进行税收筹划。例如，对利用"三废"等废弃物为主要原料进行生产的企业，当其享受5年减征或免征所得税期满后，适时安排将该企业解散，通过清算结束企业的原有业务，另行注册一个新的企业继续享受税收优惠政策。由于企业的机器设备与员工，甚至厂房都可通过清算转让给即将设立的新企业，故原企业所有者的持续经营不会受到影响。

同时，某些税收优惠政策中，有企业最短经营期的规定。譬如，新办生产性外商投资企业享受所得税"免二减三"优惠政策的条件之一，就是企业经营期在10年以上；投资于上海浦东新区和海南经济特区从事机场、港口、铁路、电站等基础设施项目的外商投资企业享受所得税"五免五减半"优惠政策的,要求其经营期在15年以上;否则,要求其补交减免的税收。对于此类经营期规定如何进行筹划呢？

【案例】 A企业享受减免税期限已满,此时可以通过缩减经营规模,减小税基,少交企业所得税,待A企业经营期达到销售减免税优惠的年限下限时,再通过清算及时将A企业解散。另外,为保证企业经营的永续进行,缩减A企业经营规模的同时,可以再行注册一个与原企业规模、结构基本相仿的B企业,接替A企业从事生产经营。待B企业的减免税期限也已用尽后,A企业享受减免税优惠的经营期也应达到。此时,可通过缩减B企业的经营规模,削减税基,同时注销A企业,另行注册C企业接替B企业经营,以实现企业永续经营。当然,在采用这种两个企业交替经营的税收筹划策略,要符合有关法律、法规的规定。

第四节 企业减资

一、企业减资概述

企业减资是指公司按照法定程序减少自己的登记资本。企业减资必须依据法定程序,否则可能被认为是抽逃注册资本,不仅负有返还义务,还可能受到行政处分。关于公司减资股东所得税问题,国家税务总局《关于企业所得税若干问题的公告》(国税2011年第34号公告)中第五条"关于投资企业撤回或减少投资的税务处理"的规定为:"投资企业从被投资企业撤回或减少投资,其取得的资产中,相当于初始出资的部分,应确认为投资收回;相当于被投资企业累计未分配利润和累计盈余公积按减少实收资本比例计算的部分,应确认为股息所得;其余部分确认为投资资产转让所得。"可以看出,企业减资股东所得税问题的处理是采取与股权转让相同的原则进行的,即将其视同股东出让股权进行所得税事项的处理。从实务中看,企业减资大致有两种情形:一种是全体股东按照投资比例减资;另一种是个别股东减资。从理论中看,企业减资大致有三种情况:一是名义减资;二是股东取回的价值小于股东投入的价值；三是股东取回的价值大于投入的价值。

二、企业减资的税务处理

（一）企业所得税方面

1. 一般税务处理

在实务中有时我们会遇到这样的公司，由于常年亏损股东权益已经大大低于公司的实收资本。

【案例】乙公司注册资本2,000万元，累计亏损1,700万元，股东权益仅剩300万元。对这样的公司进行并购和重组时，有时需要对公司进行减资，比如在增资并购的情况下，目标公司不进行名义减资，增资并购就无法操作。所谓名义减资，就是公司虽然减资，但股东并不从公司取回资产，目的是使公司的实收资本与股东权益相等。进行名义减资的目的不是使股东取回投入公司的资产，是为了适应公司并购重组的需要。

在名义减资的情况下，对公司来说，相当于以零价格购买了股东的股权，会产生收益，从而会丧失所得税递延资产；对股东来说，则相当于零价格转让了对公司的长期投资，应当确认为转让长期投资的损失，从而形成所得税递延资产。比如，在上例中乙公司和甲公司的财务处理和所得税事项如下：

乙公司　借：实收资本（减资）　　　　　　1,700万元
　　　　　　贷：营业外收入——重组收益　　　　1,700万元

这样乙公司1700万元的亏损得到弥补，明年如果有盈利则需要照章纳税。

甲公司　借：资产减值损失　　　　　　　　1,700万元
　　　　　　贷：长期股权投资减值准备　　　　　1,700万元

这样甲公司取得了1,700万元的所得税递延资产，如果当年甲公司有其他收益1,700万元可以不用缴纳企业所得税，但甲公司未来转让其持有的甲公司的股权时，能够扣除的也仅剩300万元。

在公司名义减资的情况下，存在一条原则：在公司有亏损未弥补的情况

下，如果公司减资涉及的股权的投入额小于或者等于相关股权应当分担的公司未弥补的亏损，股东不能从公司取回资产。该原则是公司资本充实原则的延伸，体现了"先债权人后股东"的精神。

2. 关于股东收回价值小于投入情况下的所得税问题

【案例】就上例而言，假设甲公司对乙公司的投资是1,000万元，持有乙公司50%的股权，其余股权由A、B、C三股东持有。现在甲公司要从乙公司撤回自己的全部投资，经与A、B、C三股东协商一致，同意乙公司向甲公司支付100万元的减资款（虽然甲公司持有的股权相应的股东权益是150万元，即300万元×50%，但由于公司业绩没有回升的迹象，这个价格在商业上是公平的）。如此，乙公司的财务处理和所得税事项如下：

借：实收资本　　　　　　　　　　　　　　　1,000万元
　贷：银行存款　　　　　　　　　　　　　　100万元
　　　重组收益　　　　　　　　　　　　　　900万元

乙公司获得收益900万元，使亏损额减少800万元。

甲公司的财务处理和所得税事项如下：

借：银行存款　　　　　　　　　　　　　　　100万元
　　长期投资损失　　　　　　　　　　　　　900万元
　贷：长期股权投资　　　　　　　　　　　1,000万元

甲公司因减资（相当于转股）损失了900万元，同时也取得了所得税递延资产900万元。

在公司减资的情况下，如果股东从公司收回的资产小于取得该项股权的计税成本，股东应当确认为投资损失。

3. 关于股东收回价值大于投入情况下的所得税问题

【案例】假如A公司的股东权益10,000万元，其中实收资本4,000万元，未分配利润4,000万元，盈余公积2,000万元。A公司的股东为甲、乙、丙三家公司，其中甲公司投资2,000万元，持股50%的股权，乙和丙各投入1,000

万元，各持股 25% 的股权。现在甲公司从公司撤走全部出资，甲、乙、丙三方一致同意公司支付给甲公司 7,000 万元（由于公司的盈利能力强、前景好，甲公司投资的 2,000 万元作价 6,000 万元是公平的）。这时，A 公司的财务处理和所得税事项如下：

借：实收资本　　　　　　　　　　　　　2,000 万元
　　未分配利润　　　　　　　　　　　　　4,000 万元
　　盈余公积金　　　　　　　　　　　　　1,000 万元
　贷：银行存款　　　　　　　　　　　　　7,000 万元

由上可见，虽然甲公司从乙公司收回的金额大于其投资额，但其大于部分全部来自于股东在乙公司中拥有的资产价值，并不侵害公司债权人的利益。

这时，甲公司的财务处理和所得税事项如下：

借：银行存款　　　　　　　　　　　　　7,000 万元
　贷：长期股权投资　　　　　　　　　　　2,000 万元
　　　转让长期股权投资收益　　　　　　　5,000 万元

据上，甲公司取得的 5,000 万元收益中，有 4,000 万元来自于所持股权相应的未分配利润和盈余公积金（8,000 万元 ×50%），应当认定其为免税收益，其余 1,000 万元应当认定为转让股权的所得，依法缴纳企业所得税。当然 A 公司可以在减资之前将 4,000 万元的未分配利润全部先分配，这样甲公司的减资价格就会变更为 5,000 万元，应税所得也就从 5,000 万元变为 3,000 万元。

在公司减资的情况下，对股东从公司收回的资产的所得税处理，是按照股东转让股权的所得税规则进行的。

以上对公司减资股东所得税问题的分析基于一个假设：股东从公司收回的资产为货币，但在实务中股东从公司收回的资产可能会有货币以外的财产，这就会涉及其他税种，因此，此时不仅减资的股东会发生其他税负，公司也可能会产生所得税和其他各种税收负担。

（二）个人所得税方面

《关于个人终止投资经营收回款项征收个人所得税问题的公告》（国家税务总局公告 2011 年第 41 号）规定："个人因各种原因终止投资、联营、经营

合作等行为，从被投资企业或合作项目、被投资企业的其他投资者以及合作项目的经营合作人取得股权转让收入、违约金、补偿金、赔偿金及以其他名目收回的款项等，均属于个人所得税应税收入，应按照'财产转让所得'项目适用的规定计算缴纳个人所得税。应纳税所得额的计算公式如下：应纳税所得额＝个人取得的股权转让收入、违约金、补偿金、赔偿金及以其他名目收回款项合计数－原实际出资额（投入额）及相关税费。"个人由于撤资、减资等原因从被投资企业分回的资产，超过投资成本的部分应该全部确认为财产转让所得，具体的计算在此不赘述。

三、企业减资涉及的主要税收问题

（一）关于不动产支付撤资款公司和股东的税收问题

在公司减资即股东撤资的情况下，公司可以用不动产向股东履行支付义务，公司自建的、外购的、其他股东投入的、撤资股东投入的不动产均可。但是，当公司用不动产向股东支付撤资款时，税法会认定公司向股东转让这些资产，因此，这一行为在公司方面会涉及营业税、土地增值税、附加税、印花税和所得税；在股东方面除会涉及上面讨论的所得税外，还会涉及契税和印花税。

（二）关于货物类资产支付撤资款公司和股东的税收问题

在公司减资即股东撤资的情况下，公司也可以用货物类资产向股东履行支付撤资款的义务。公司自制的、外购的、其他股东投入的或撤资股东投入的货物类资产均可。但是，当公司用货物类资产向股东支付撤资款时，税法会认为公司向股东转让这些资产，因此，这一行为在公司方面会涉及增值税、消费税、附加税、印花税和所得税；在股东方面只会涉及上面讨论的所得税和印花税。

（三）关于知识产权支付撤资款公司和股东的税收问题

在公司减资即股东撤资的情况下，公司也可以用知识产权向股东履行支付撤资款的义务。公司自创的、外购的、其他股东投入的或撤资股东投入的知识产权类资产均可。但是，当公司用知识产权向股东支付撤资款时，税法会认定公司向股东转让这些知识产权，因此，这一行为在公司方面会涉及营业税、附加税、印花税和所得税；在股东方面只会涉及上面讨论的所得税和印花税。

总之，当公司以货币以外的资产向股东支付撤资款时，公司的行为应当被认定为转让这些资产，应依法承担相应的纳税义务，撤资股东会被认定为在撤资（视同转让股权）的同时受让这些资产，并依法承担相应的纳税义务。

第四章 资本分配

第一节 资本分配概述

资本运营中的资本分配,将对资本生产要素产生的收益,分配给投资者,主要包括股息分配政策和资本公积转增股本两种。

一、股息分配政策

企业的股息主要分为现金股利和股票股利两大类。

(一)现金股利

剩余股利支付政策:公司在拥有良好的投资机会时,按照目标资本结构测算出所需的权益资金,先从盈余当中留用,然后将剩余盈余作为股利分配。

固定或持续增长的股利政策:公司将每年发放的股利固定于某一相对稳定的水平上并在较长的时期内不变。

固定股利支付率政策:公司确定一个股利占盈余的比率,长期按此比率支付股利的政策。

低正常股利加额外股利:公司在一般情况下,每年只支付固定的、数额不变的股利,在盈余多的年份,再根据实际情况向股东发放股利。

(二)股票股利

派股:是指企业以发放的股票作为股利的支付方式,股票股利不直接增加股东财富，但会引起所有者权益各项目的结构发生变化。

股票分割：是指将面额较高的股票交换成面额较低的行为，在企业盈利能力和财务状况不变的情况下，股票分割不会引起企业净资产的变化，但是会降低每股收益和每股市价。

股票回购：是指公司在有多余现金时，向股东回购自己的股票。

二、资本公积转增股本

资本公积转增股本与派发股票股利都会使股本（注册资本）增加，每股收益与每股市价下降，但不会改变股东持股的价值总额。但是资本公积转增股本与股票股利不同的是，无须交纳个人所得税。

第二节 资本分配的会计处理

一、企业支付股息的会计处理

《企业会计准则第 11 号——股份支付》规定，以权益结算的股份支付换取职工提供服务的，应当以授予职工权益工具的公允价值计量。权益工具的公允价值，应当按照《企业会计准则第 22 号——金融工具确认和计量》确定。以现金结算的股份支付，应当按照企业承担的以股份或其他权益工具为基础计算确定的负债的公允价值计量。

【案例】北京用友软件股份有限公司 2001 年度股东大会于 2002 年 4 月 28 日上午 9 时 30 分在北京市海淀区上地信息产业基地中国知识产权培训中心召开。出席会议的股东及股东授权代表共 15 人，代表有表决权股份 75,692,817 股，占公司股份总额的 75.69%，会议的召开符合《公司法》及《公司章程》的规定。会议由公司董事长王文京先生主持，以记名投票方式审议通过了公司 2001 年度利润分配方案：本公司 2001 年度净利润为 70,400,601 元，提取法定盈余公积金 7,040,060 元，提取法定公益金 3,520,030 元，2000 年度结转利润 286,436 元，期末可供股东分配的利润为 60,126,947 元。公司在

2002年度对2001年度净利润进行一次分配,每10股派发现金6元(含税),共计派发现金股利6,000万元,占本次可分配利润的99.79%,剩余126,947元利润留待以后年度分配。此次分配不计提任意盈余公积金。本年度不进行公积金转增股本。

其会计处理为:

借:利润分配——未分配利润　　　　　　　　　　60,000,000
　　贷:应付股利　　　　　　　　　　　　　　　　60,000,000
借:应付股利　　　　　　　　　　　　　　　　　　60,000,000
　　贷:银行存款　　　　　　　　　　　　　　　　60,000,000

二、资本公积转增股本的会计处理

根据《国家税务总局关于贯彻落实企业所得税法若干税收问题的通知》(国税函〔2010〕79号)第四条规定"被投资企业将股权(票)溢价所形成的资本公积转为股本的,不作为投资方企业的股息、红利收入,投资方企业也不得增加该项长期投资的计税基础"。会计账务处理:

借:资本公积——资本溢价
　　贷:实收资本(股本)

【案例】有限责任公司A由甲、乙、丙三个自然人投资设立,投资比例为5:3:2。为了扩大资本总额,决定按照出资比例用企业盈余公积金和资本公积金90万元转增资本。账务处理如下:

借:盈余公积——法定盈余公积　　　　　　　　　600,000
　　资本公积——资本溢价　　　　　　　　　　　300,000
　　贷:实收资本——甲　　　　　　　　　　　　450,000
　　　　实收资本——乙　　　　　　　　　　　　270,000
　　　　实收资本——丙　　　　　　　　　　　　 18,000

第三节　资本分配的税务处理

一、现金股息、红利收益

《企业所得税法》第二十六条第二项规定，符合条件的居民企业之间的股息、红利等权益性投资收益，为免税收入。第三项规定，在中国境内设立机构、场所的非居民企业从居民企业取得与该机构、场所有实际联系的股息、红利等权益性投资收益，也为免税收入。《企业所得税法实施条例》第八十三条规定，所称符合条件的居民企业之间的股息、红利等权益性投资收益，是指居民企业直接投资于其他居民企业取得的投资收益。其所称的股息、红利等权益性投资收益，不包括连续持有居民企业公开发行并上市流通的股票不足12个月取得的投资收益。

【案例】甲企业2010年取得乙上市公司的投资分红50万元，其中，持有公开发行并上市流通的股票不足12个月的分红20万元，而超过12个月的分红30万元。

相关法律规定：《财政部、国家税务总局、证监会关于实施上市公司股息红利差别化个人所得税政策有关问题的通知》（财税〔2012〕85号）个人从公开发行和转让市场取得的上市公司股票，持股期限在1个月以内（含1个月）的，其股息红利所得全额计入应纳税所得额；持股期限在1个月以上至1年（含1年）的，暂减按50%计入应纳税所得额；持股期限超过1年的，暂减按25%计入应纳税所得额。上述所得统一适用20%的税率计征个人所得税。

分析：甲企业取得超过12个月的股票分红30万元为免税收入，不需要交税。但持有不足12个月的股票取得分红20万元应按规定缴纳企业所得税，适用税率为25%，即应缴纳企业所得税5万元（20万元×25%）。

二、股票股息

《国家税务总局关于企业股权投资业务若干所得税问题的通知》（国税发

〔2000〕118号）（已废止）规定，企业从被投资企业分配取得的非货币性资产，除股票外，均应按照有关资产的公允价值确定投资所得。企业取得的股票，按股票的票面价值确定投资所得。《企业所得税法实施条例》第十三条规定，企业所得税法第六条所称企业以非货币形式取得的收入，应按照公允价值确定收入额。公允价值是指按照市场价格确定的价值。股票股利属于非货币形式的收入，应该按照公允价值确定计税基础。

《国家税务总局关于印发〈征收个人所得税若干问题的规定〉的通知》（国税函发〔1994〕89号）规定，以股票形式向股东个人支付的应得的股息、红利，应以派发红股股票的票面金额为收入额，按利息、股息、红利项目计征个人所得税。

三、限售股的税务处理

目前我国A股市场的限售股，主要由两部分构成：一类是股改产生的限售股；另一类是新股首次发行上市（IPO）产生的限售股。股改限售股是指股权分置改革过程中，由原非流通股转变而来的有限售期的流通股，市场俗称为"大小非"。所谓"大非"指的是大规模的限售流通股，占总股本5%以上；所谓"小非"指的是小规模的限售流通股，占总股本5%以内。新股首次发行上市（IPO）产生的限售股是为保持公司控制权的稳定，《公司法》及交易所上市规则对于首次公开发行股份（IPO）并上市的公司，于公开发行前股东所持股份都有一定的限售期规定。

《关于个人转让上市公司限售股所得征收个人所得税有关问题的通知》（财税〔2009〕167号）明确规定从2010年1月1日起对个人转让上市公司限售流通股（以下简称限售股）取得的所得征收个人所得税，同时对个人在上海证券交易所、深圳证券交易所转让从上市公司公开发行和转让市场取得的上市公司股票所得，继续免征个人所得税。

对限售股征税在一定程度上缓解了收入分配不公平的问题。2005年股权分置改革后，股票市场不再有非流通股和流通股的划分，只有限售流通股与非限售流通股之别，限售流通股解除限售后都将进入流通。这些限售股都不是从上市公司公开发行和转让市场上取得的，成本较低，数量较大，解禁后在二级市场转让，获益很高，却与个人投资者从上市公司公开发行和转让市场购买的上市公司股票转让所得一样享受个人所得税免税待遇。

四、资本公积转增股本的税务处理

《国家税务总局关于贯彻落实企业所得税若干税收问题的通知》（国税函〔2010〕79号）规定，企业权益性投资取得股息、红利等收入，应当以被投资企业股东大会做出利润分配或转股决定的日期，确定收入的实现。在新的企业所得税法下仍然将留存收益转增注册资本视为分配股息处理，然后再投资，即可享受免征企业所得税的待遇，同时增加对被投资企业的计税基础。

《国家税务总局关于股份制企业转增股本和派发红股征免个人所得税的通知》（国税发〔1997〕198号）规定，股份制企业用资本公积金转增股本不属于股息、红利性质的分配，对个人取得的转增股本数额，不作为个人所得，不征收个人所得税。股份制企业用盈余公积金派发红股属于股息、红利性质的分配，对个人取得的红股数额，应作为个人所得征税。

《国家税务总局关于个人投资者收购企业股权后将原盈余积累转增股本个人所得税问题的公告》（国家税务总局公告2013年第23号）规定，一名或多名个人投资者以股权收购方式取得被收购企业100%股权，股权收购前，被收购企业原账面金额中的"资本公积、盈余公积、未分配利润"等盈余积累未转增股本，而在股权交易时将其一并计入股权转让价格并履行了所得税纳税义务。股权收购后，企业将原账面金额中的盈余积累向个人投资者（新股东，下同）转增股本，有关个人所得税问题区分以下情形处理：

（一）新股东以不低于净资产价格收购股权的，企业原盈余积累已全部计入股权交易价格，新股东取得盈余积累转增股本的部分，不征收个人所得税。

（二）新股东以低于净资产价格收购股权的，企业原盈余积累中，对于股权收购价格减去原股本的差额部分已经计入股权交易价格、新股东取得盈余积累转增股本的部分，不征收个人所得税；对于股权收购价格低于原所有者权益的差额部分未计入股权交易价格，新股东取得盈余积累转增股本的部分，应按照"利息、股息、红利所得"项目征收个人所得税。

新股东以低于净资产价格收购企业股权后转增股本，应按照下列顺序进行，即先转增应税的盈余积累部分，然后再转增免税的盈余积累部分。新股东将所持股权转让时，其财产为其收购企业股权实际支付的对价及相关税费。

【案例】甲企业原账面资产总额8,000万元，负债3,000万元，所有者权益5,000万元，其中：实收股本1,000万元，资本公积、盈余公积、未分配利润等盈余积累合计4,000万元。假定多名自然人投资者（新股东）向甲企业原股东购买该企业100%股权，股权收购价4,500万元，新股东收购企业后，甲企业将资本公积、盈余公积、未分配利润等盈余积累4,000万元向新股东转增实收资本。

分析：在新股东4,500万元股权收购价格中，除了实收资本1,000万元外，实际上相当于以3,500万元购买了原股东4,000万元的盈余积累，即4,000万元盈余积累中，有3,500万元计入了股权交易价格，剩余500万元未计入股权交易价格。甲企业向新股东转增实收资本时，其中所转增的3,500万元不征收个人所得税，所转增的500万元应按"利息、股息、红利所得"项目缴纳个人所得税。

第四节 资本分配的税收筹划案例

一、固定股息政策下的税收筹划

筹划原理：可供分配利润是利润分配的起点，在不损害股东利益的前提下，将利润合理保留在公司内部，减少现金股息支付，可以减少个人投资者"股息、利息、红利"项目的企业所得税。

【案例】有两家企业A和B，A企业的经济效益很好，B企业的经济效益比较差，B企业的原材料供应对A企业有利。目前B资不抵债，A与B进行谈判，将B企业员工并到A企业，A对B一次性地支付一定款项。A与B合并，A需要了解B五年内的亏损额，然后A依据税法规定，采取税法要求的合并方式，将B的亏损计算到合并后的公司中。假如B亏损1,000万元，

A 以 200 万元购买 B 企业，A 获得的补亏抵税收益为 250 万元（1,000×25%），即 A 公司少交企业所得税 250 万元。

分析：假设 A 公司采用固定股息支付率的方式分配股利，股息支付率为 10%，个人股东持股比例为 40%，则合并后，A 的可供分配利润减少 750 万元，个人股东少获得现金股息 750×10%×40%=30 万元，节省股息环节的个人所得税 30×20%=6 万元。

在利用税收优惠政策和并购等方式下，对可分配利润进行调节，不仅可以减少被投资企业的企业所得税，而且在固定股息支付率的股息政策下，还可以减少个人投资者"股息、利息、红利"项目的个人所得税。

二、股票股利框架下的税收筹划

以获取资本增值为目的而持有股票的企业，可选择股票股利减少股票出售的资本利得税。

筹划原理：《企业所得税法实施条例》第十三条规定，企业所得税法第六条所称企业以非货币形式取得的收入，应按照公允价值确定收入额。公允价值是指按照市场价格确定的价值。股票股利属于非货币形式的收入，应该按照公允价值确定计税基础。

相关税收规定：《国家税务总局关于企业股权投资业务若干所得税问题的通知》（国税发〔2000〕118 号）（已废止）规定，企业从被投资企业分配取得的非货币性资产，除股票外，均应按照有关资产的公允价值确定投资所得。企业取得的股票，按股票的票面价值确定投资所得。这项条文的废止增加了纳税人税收筹划的空间。

【案例】方案一：甲公司持有乙公司 10 万股股票，2011 年 11 月乙公司公布利润分配方案，每股分配 0.4 元的现金股利。甲乙公司为符合条件的居民企业，甲公司获得的股息收入可免征企业所得税。甲公司在收到股息后，立即以市价每股 10 元购入 4,000 股股票，并于 2012 年 10 月以 18 元的价格将这 4,000 股股票全部出售。甲公司的交易净利润为（18-10）×25%×4,000=8,000 万元（企业所得税税率为 25%）。

方案二：甲公司持有乙公司10万股股票，2011年11月乙公司公布的利润分配方案显示，今年的股息政策为每20股送1股，乙企业股票当前的市价为10元，账面价值1元，流动性较好，但也存在一定的变现风险。甲企业共获得股票股利5,000股，账面价值为5,000元，公允价值为5万元，甲、乙公司为符合条件的居民企业，甲公司取得的股票股息属于免税收入，其获得的股票股利按照市场价值5,000元确定计税基础。2012年10月，甲企业以每股18元的价格将这5,000股股票全部出售。甲公司的交易净利润为（18-10）×25%×5,000=10,000万元（企业所得税税率为25%）。

结论：由于在《国家税务总局关于企业股权投资业务若干所得税问题的通知》废止后，税法并没有对股票股利的计税基础作出明确规定，如果企业将其视作非货币收入，以公允价值入账是符合《企业所得税法》第十三条规定的立法精神的。但股票股利市场价值与账面价值的差额则成为税款征收的漏洞，投资方和被投资方都没有对这部分增值缴纳相应的税收。以公允价值入账增加了投资方的计税基础，减少了投资方的资本交易净利，从而降低了其税负。

第五节　资产划转

一、资产划转概述

1. 划转概念

以往划转一般被理解为国有企业之间财产的无偿划转。市场经济条件下根本没有划转这一用语。划转一般被理解为国有企业之间财产的无偿划转，包括以下两种情况：一是直接控制情形下出现的划转。如A企业100%控股B企业，A企业将其财产划转给B企业。二是同一控制下发生的划转，如A企业100%%控股B企业与C企业，B企业将其财产划转给C企业。

2. 划转的本质

从理论上分析，划转其实是业务单元在企业集团之间的转移，属于一种企业重组行为。即符合条件的业务单元转移可享受所得税优惠待遇，即我国税法所称的特殊性税务处理。

3. 划转的类型

财税【2014】109 号文件将划转界定为两种类型：一是直接控制下发生的划转；二是同一控制下发生的划转。

财税【2014】109 号文件第三条"关于股权、资产划转"规定如下：

二、资产划转的税务处理

对 100% 直接控制的居民企业之间，以及受同一或相同多家居民企业 100% 直接控制的居民企业之间按账面净值划转股权或资产，凡具有合理商业目的、不以减少、免除或者推迟缴纳税款为主要目的，股权或资产划转后连续 12 个月内不改变被划转股权或资产原来实质性经营活动，且划出方企业和划入方企业均未在会计上确认损益的，可以选择按以下规定进行特殊性税务处理：

1. 划出方企业和划入方企业均不确认所得。

2. 划入方企业取得被划转股权或资产的计税基础，以被划转股权或资产的原账面净值确定。

3. 划入方企业取得的被划转资产，应按其原账面净值计算折旧扣除。

上述资产划转的税务处理是一个全新的税收规则，规范了直接控制及受同一控制的企业之间划转资产的税务操作。根据财税【2014】109 号文件，享受免税待遇的税务处理必须同时符合以下三个条件：

(1) 商业目的合理；

(2) 持续经营且不改变实质经营性活动；

(3) 划出方企业和划入方企业均未在会计上确认损益。

三、资产划转的案例分析

1. 直接控制下资产划转的税务处理案例

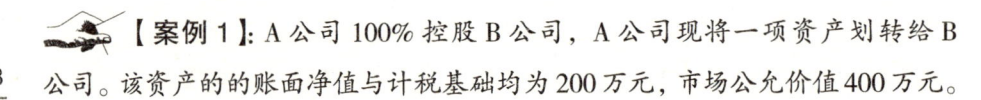

【案例1】：A 公司 100% 控股 B 公司，A 公司现将一项资产划转给 B 公司。该资产的账面净值与计税基础均为 200 万元，市场公允价值 400 万元。

根据财税【2014】109号文件第三条规定，B公司确认该项资产的计税基础是200万元。资产划转后，A公司持有B公司股权的计税基础由原来的200万元增加至400万元。

2. 同一控制下企业资产划转的税务处理案例

【案例2】：A公司100%控股B公司，同时100%控股C公司。B公司现有一项账面净值与计税基础均为200万元、市场公允价值为400万元的资产，B公司将该项资产无偿划转至C公司。

根据财税【2014】109号文件规定，C公司接受的该项资产的计税基础为200万元。

由于符合条件的资产划转不涉税，可能因资产划转引起严重的避税问题。比如一家公司100%控股另一家公司，如果子公司亏损，母公司盈利，则将母公司的优良资产无偿划转至子公司，可能导致未来经营期间子公司因优良资产的加入而使其收益增加，从而形成盈亏互抵的避税效果。同理，母公司正好相反，因优良资产被划转出去而使其未来经营期间收益下滑，甚至形成亏损，亦会造成盈亏互抵的局面。

第五章 资本运营典型案例

第一节 百合锦绣（中国）酒店产业股权调整方案及税负测算

【特别说明】

鉴于目前锦绣集团酒店股权架构较为复杂，所以建议锦绣集团将所有的酒店放在河南百合酒店管理有限公司名下进行管理，这样可以形成较为合理的股权关系，有利于酒店产业的经营与发展。

企业的重组主要涉及企业所得税、增值税、营业税、契税以及印花税。

目前锦绣集团所辖酒店的股权结构如下图所示：

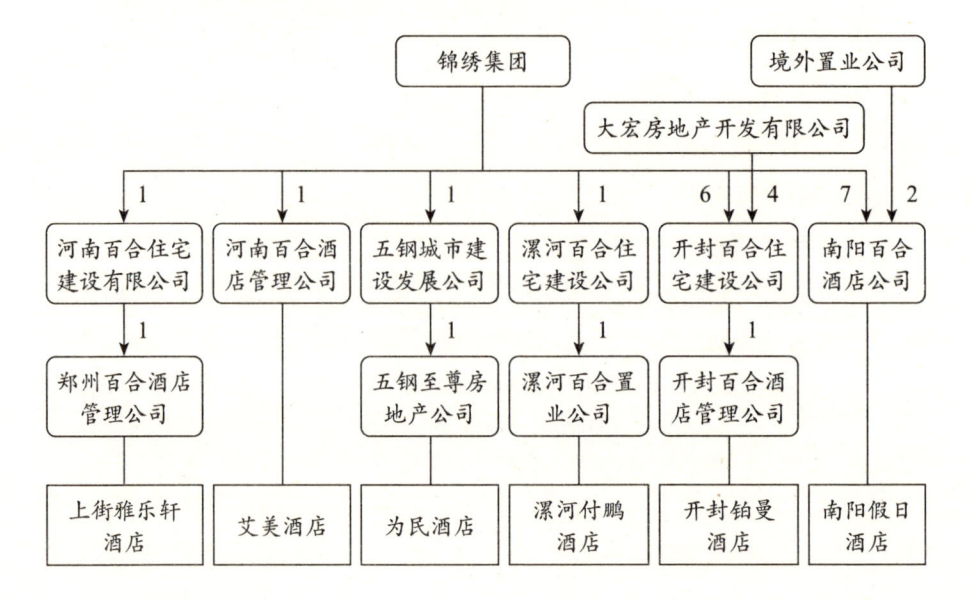

```
                        锦绣集团                        境外置业公司
                           │                                 │
              ┌────┬────┬──┼──┬────┬────┐                    │
              │    │    │  │  │大宏房地产开发有限公司          │
              1    1    1  1  6    4    7                    2
              ▼    ▼    ▼  ▼  ▼    ▼    ▼                    ▼
           河南百合 河南百合 五钢城市 漯河百合 开封百合 南阳百合
           住宅建设 酒店管理 建设发展 住宅建设 住宅建设 酒店公司
           有限公司  公司    公司    公司    公司
              │         │    │    │
              1         1    1    1
              ▼         ▼    ▼    ▼
           郑州百合    五钢至尊 漯河百合 开封百合
           酒店管理    房地产   置业公司 酒店管理
           公司        公司             公司
              │         │    │    │         │
              ▼         ▼    ▼    ▼         ▼
           上街雅乐轩  艾美酒店 为民酒店 漯河付鹏 开封铂曼 南阳假日
           酒店                        酒店    酒店    酒店
```

步骤一：酒店分立

上街雅乐轩酒店、漯河付鹏酒店、为民酒店、开封铂曼酒店、南阳假日酒店这五个酒店要在满足特殊性税务处理的条件下进行分立，成为独立的酒店公司。

特殊性税务处理的条件如下：

根据财税〔2009〕59号《财政部、国家税务总局关于企业重组业务企业所得税处理若干问题的通知》第五条规定，企业重组同时符合下列条件的，适用特殊性税务处理规定：（一）具有合理的商业目的，且不以减少、免除或者推迟缴纳税款为主要目的。（二）被收购、合并或分立部分的资产或股权比例符合本通知规定的比例。（三）企业重组后的连续12个月内不改变重组资产原来的实质性经营活动。（四）重组交易对价中涉及股权支付金额符合本通知规定比例。（五）企业重组中取得股权支付的原主要股东，在重组后连续12个月内，不得转让所取得的股权。

企业重组符合本通知第五条规定条件的，交易各方对其交易中的股权支付部分，可以按以下规定进行特殊性税务处理：企业分立，被分立企业所有股东按原持股比例取得分立企业的股权，分立企业和被分立企业均不改变原来的实质经营活动，且被分立企业股东在该企业分立发生时取得的股权支付金额不低于其交易支付总额的85%。

步骤二：收购酒店股权

1.河南百合酒店管理公司要在满足特殊性税务处理的条件下，收购上街雅乐轩酒店、漯河付鹏酒店、为民酒店、南阳假日酒店这四家酒店的股权，完成这四家酒店的股权调整。这种情况下，因满足特殊性税务处理的条件，不需要交纳企业所得税。

根据财税〔2009〕59号《财政部、国家税务总局关于企业重组业务企业所得税处理若干问题的通知》和财税[2014]109号文《财政部 国家税务总局关于促进企业重组有关企业所得税处理问题的通知》规定，在满足特殊税务处理条件下的股权收购，收购企业购买的股权不低于被收购企业全部股权的50%，且收购企业在该股权收购发生时的股权支付金额不低于其交易支付总额的85%，可以选择按以下规定处理：（1）被收购企业的股东取得收购企业股权的计税基础，以被收购股权的原有计税基础确定。（2）收购企业取得被收购企业股权的计税基础，以被收购股权的原有计税基础确定。(3)收购企业、被收购企业的原有各项资产和负债的计税基础和其他相关所得税事项保持不变。

2. 若依据财税【2009】59号文铂曼酒店目前的股权结构由于有40%的股权不属于锦绣集团，因此不能满足特殊性税务处理下的股权收购。

(1) 假设就目前的股权结构，河南百合酒店管理公司收购开封铂曼酒店。

开封百合住宅建设公司应交企业所得税=[公允价值（评估价）－股权原始价值]×25%

(2) 假设为满足特殊性税务处理下的股权收购，锦绣（中国）可以考虑先收购大宏房地产开发有限公司持有开封百合住宅建设公司的股权，至少要收购15%。

大宏房地产开发有限公司应交企业所得税=[公允价值（评估价）－股权原始价值]×25%

然后再由河南百合酒店管理公司收购开封铂曼酒店，满足特殊性税务处理条件，则股权收购不交纳企业所得税。

根据财税〔2009〕59号《财政部、国家税务总局关于企业重组业务企业所得税处理若干问题的通知》规定，在满足特殊税务处理条件下的企业重组，交易各方对交易中股权支付暂不确认有关资产的转让所得或损失的，其非股权支付仍应在交易当期确认相应的资产转让所得或损失，并调整相应资产的计税基础。

【特别说明】

1. 企业重组不交纳增值税

根据国家税务总局公告2011年第13号《国家税务总局关于纳税人资产重组有关增值税问题的公告》纳税人在资产重组过程中，通过合并、分立、出售、置换等方式，将全部或者部分实物资产以及与其相关联的债权、负债和劳动力一并转让给其他单位和个人，不属于增值税的征税范围，其中涉及的货物转让，不征收增值税。

2. 企业重组不交纳营业税

根据国家税务总局公告2011年第51号《国家税务总局关于纳税人资产重组有关营业税问题的公告》纳税人在资产重组过程中，通过合并、分立、出售、置换等方式，将全部或者部分实物资产以及与其相关联的债权、债务和劳动力一并转让给其他单位和个人的行为，不属于营业税征税范围，其中涉及的不动产、土地使用权转让，不征收营业税。

3. 企业重组需交纳印花税

收购企业和被收购企业应交纳印花税 = 合同金额 × 0.5‰

【注意事项】

开封若依据财税【2009】59号文铂曼酒店和南阳假日酒店不是锦绣集团100%控股，在转让锦绣集团持有的酒店股权时，要争取得到其他股东的支持，因为按《公司法》第七十一条规定股东向股东以外的人转让股权，应当经其他股东过半数同意。经股东同意转让的股权，在同等条件下，其他股东有优先购买权。

锦绣集团的酒店产业股权调整及税负测算表

酒店分立环节			
分立方名称	分立方税负	被分立方名称	被分立方税负
上街雅乐轩酒店	无	郑州百合酒店管理有限公司	无
为民酒店	无	五钢至尊房地产有限公司	无
漯河付鹏酒店	无	漯河百合置业有限公司	无
开封铂曼酒店	无	开封百合酒店管理有限公司	无
南阳假日酒店	无	南阳百合酒店有限公司	无

【操作方法】 在满足特殊性税务处理的条件下进行分立，成为独立的酒店公司。

【政策依据】 1. 根据财税〔2009〕59号《财政部、国家税务总局关于企业重组业务企业所得税处理若干问题的通知》第五条规定，企业重组同时符合下列条件的，适用特殊性税务处理规定：（一）具有合理的商业目的，且不以减少、免除或者推迟缴纳税款为主要目的。（二）被收购、合并或分立部分的资产或股权比例符合本通知规定的比例。（三）企业重组后的连续12个月内不改变重组资产原来的实质性经营活动。（四）重组交易对价中涉及股权支付金额符合本通知规定比例。（五）企业重组中取得股权支付的原主要股东，在重组后连续12个月内，不得转让所取得的股权。

企业重组符合本通知第五条规定条件的，交易各方对其交易中的股权支付部分，可以按以下规定进行特殊性税务处理：企业分立，被分立企业所有股东按原持股比例取得分立企业的股权，分立企业和被分立企业均不改变原来的实质经营活动，且被分立企业股东在该企业分立发生时取得的股权支付金额不低于其交易支付总额的85%。

在满足特殊税务处理条件下的企业重组，交易各方对交易中股权支付暂不确认有关资产的转让所得或损失。

酒店股权收购环节			
收购方名称	收购方税负	被收购方名称	被收购方税负
河南百合酒店管理公司	印花税＝合同金额×0.5‰	上街雅乐轩酒店	印花税＝合同金额×0.5‰
河南百合酒店管理公司	印花税＝合同金额×0.5‰	为民酒店	印花税＝合同金额×0.5‰
河南百合酒店管理公司	印花税＝合同金额×0.5‰	漯河付鹏酒店	印花税＝合同金额×0.5‰
河南百合酒店管理公司	印花税＝合同金额×0.5‰	南阳假日酒店	印花税＝合同金额×0.5‰
河南百合酒店管理公司	印花税＝合同金额×0.5‰	开封铂曼酒店	详见备注

【操作方法】在满足特殊性税务处理的条件下进行股权收购。

【政策依据】根据财税〔2009〕59号《财政部、国家税务总局关于企业重组业务企业所得税处理若干问题的通知》和财税[2014]109号文《财政部 国家税务总局关于促进企业重组有关企业所得税处理问题的通知》规定，在满足特殊税务处理条件下的股权收购，收购企业购买的股权不低于被收购企业全部股权的50%，且收购企业在该股权收购发生时的股权支付金额不低于其交易支付总额的85%，可以选择按以下规定处理：1.被收购企业的股东取得收购企业股权的计税基础，以被收购股权的原有计税基础确定。2.收购企业取得被收购企业股权的计税基础，以被收购股权的原有计税基础确定。3.收购企业、被收购企业的原有各项资产和负债的计税基础和其他相关所得税事项保持不变。

在满足特殊税务处理条件下的企业重组，交易各方对交易中股权支付暂不确认有关资产的转让所得或损失。

【备注】

1. 假设就目前的股权结构，河南百合酒店管理公司收购开封铂曼酒店。开封百合住宅建设公司应交企业所得税＝[公允价值（评估价）－股权原始价值]×25%。

2. 若依据财税【2009】59号文满足特殊性税务处理下的股权收购，锦绣集团可以考虑先收购大宏房地产开发公司持有开封百合住宅建设公司的股权，至少要收购15%。

大宏房地产开发公司应交企业所得税＝[公允价值（评估价）－股权原始价值]×25%。

然后再由河南百合酒店管理公司收购开封铂曼酒店，满足特殊性税务处理条件，则股权收购不交纳企业所得税。若依据财税【2014】106号文，此次收购可适用于特殊税务处理。因此次收购发生于2014年1月1日之前，而新法规自2014年1月1日后执行，故此处不具备追溯调整适用的条件。

3. 应交纳印花税＝合同金额×0.5‰。

第二节　伊人酒店分立流程与涉税操作

伊人酒店由清龙房地产公司建设，其产权在清龙房地产公司名下。清龙房地产公司拟对伊人酒店实行独立经营，需要通过企业分立模式将伊人酒店分立出来单独成立一家酒店运营公司。下面系统阐述企业分立流程及涉税操作。

一、酒店分立流程

（一）分立的准备

1. 拟定分立协议，分立公司章程、经营范围

分立协议应包括以下内容

（1）分立原因及说明；

（2）分立形式（存续分立）；

（3）分立前后的基本情况（分立前后公司名称，分立后的注册资本、实收资本）；

（4）资产继承方案及资产交接约定；

（5）债务继承方案；

（6）相关税费的承担方式；

（7）职工安置办法；

（8）期后事项的处理；

（9）新设公司的设立及其法律后果的承担；

（10）争议解决方式；

（11）其他事项。

2. 股东会通过分立协议的决议

有限责任公司分立，必须经代表三分之二以上表决权的股东通过。

【注意事项】

（1）分立过程中不能出现原股东股权结构比例变更情况，分立企业应维持原股东在原企业的股权结构比例。

(2) 对存续企业与新设企业的注册资金和股东持股比例作出安排，分立前后注册资本之和保持不变。

(3) 分立新设公司货币资金出资额不低于注册资本的 30%。

（二）新设公司核名

自分立决议之日起向工商管理部门申请新设公司核准名称。

需要提交资料：

1. 股东决定

2. 新设申请表

根据当地主管工商部门的要求提交即可，也可以在工商局网上申请。

（三）登报

《公司法》规定，公司应当自作出分立决议之日起十日内通知债权人，并于三十日内在报纸上公告。债权人自接到通知书之日起三十日内，未接到通知书的自公告之日起四十五日内，可以要求公司清偿债务或者提供相应的担保。

（四）验资及审计

根据工商管理部门的要求，分立存续公司及新设公司须有中介机构出具的验资报告。

1. 由审计机构出具 1 月至分立前月份的财务报表报告审计。

2. 企业自行编制分立后存续公司及新设公司报表。

3. 验资机构根据财务报告审计、分立后存续公司报表、新设公司报表、分立协议、资产交割单等分别出具存续公司验资报告、新设公司验资报告。不需要银行的入资证明。

（五）工商登记与工商变更

因公司分立申请办理公司登记，自公告刊登之日起 45 日后，申请人才可以申请办理企业注销、设立或者变更登记。

公司办理分立登记时，可以一并办理其他登记事项的变更，但应当根据法律法规和公司章程的规定提交相应变更登记材料。

【存续公司】提交资料清单：

1. 公司分立决议；

2. 验资报告；

3. 依法刊登公告的报纸样张；（分立公告应当包括：分立各方的名称，分立形式，分立前后各公司的注册资本和实收资本。）

4. 分立方的营业执照复印件；

5. 债务清偿或者债务担保情况的说明；

6. 法律、行政法规和国务院决定规定必须报经批准的，提交有效的批准文件或者许可证书复印件；

7. 因分立申请公司设立登记的，提交载明分立情况的存续公司的变更证明或者解散公司的注销证明。

特别提请注意：因分立新设公司的经营范围中，涉及法律法规规定应当在登记前报经有关部门审批的，凭有关部门的许可文件、证件办理登记。

8. 资料齐全5个工作日，即可领取存续公司的营业执照。同时出具分立变更证明。

【注意事项】

为加快办理进度，在公告期间可以先与工商管理部门沟通，并根据工商管理部门的要求提交相关资料进行预审。

【分立新设公司】需提交资料清单：

1. 《企业设立登记申请书》《企业名称预先核准通知书》及《预先核准名称投资人名录表》；

2. 分立变更证明复印件；

3. 验资报告；

4. 股东决定；

5. 因公司分立而拟存续、新设公司所涉及的各方投资者签订的公司分立协议（加盖各投资方公章，自然人投资者签字）；

6. 公开发行的报纸登载的公告的报样；

7. 分立后新设公司的章程或章程修正案；

8. 因分立涉及登记事项发生变化的，应提交相应的文件、证件；

9. 资料齐全5个工作日，即可领取营业执照。

【注意事项】

1.《企业设立登记申请书》涉及的董事、监事须携带身份证原件到工商登记部门亲自面签。

2.办理工商登记的委托书须加盖股东公章,指定委托人,由委托人携身份证原件办理一切手续及领取营业执照。

(六)新设公司刻章

领取营业执照后,到公安管理部门办理手续申请刻制公章、财务专用章、发票专用章、合同专用章。

1.营业执照副本复印件。

2.法人身份证复印件。

3.经办人身份证复印件。

(七)新设办理组织机构代码证

1.营业执照副本复印件加盖公章。

2.法人身份证原件。

3.经办人身份证复印件。

(八)新设公司办理税务登记证

1.营业执照副本复印件加盖公章。

2.法人身份证原件。

3.法人、经办人身份证复印件。

4.税源归属表。

5.房产证复印件或租赁协议。

(九)新设公司开设基本户

1.营业执照副本原件。

2.营业执照副本复印件加盖公章。

3.法人、经办人身份证原件及复印件。

4.租赁协议或房产证原件及复印件。

5.财务章、法人章。

6.同时办理《机构信用代码证》。

7.3个工作日后领取开户许可证。

（十）新设公司办理贷款卡

1. 到中国人民银行营业管理部征信管理处提交资料。

2. 营业执照原件及复印件。

3. 组织机构代码证原件及复印件。

4. 税务登记证原件及复印件。

5. 机构信用代码证原件及复印件。

6. 企业高级管理人员（法定代表人或负责人）身份证复印件（身份证需正、反面复印）。

7. 经办人身份件复印件并出示原件（身份证需正、反面复印）。

8. 财务报表等。

9. 资料齐全当时即可领取。

（十一）存续公司税务登记证备案

1. 营业执照副本原件及复印件。

2. 法人身份证复印件。

3. 经办人身份证复印件。

4. 专管员备案。

（十二）房产、土地证的变更

1. 《国有土地使用证》《房屋所有权证》（原件）。

2. 分立协议（原件、复印件2份）。

3. 注销工商登记的证明或工商变更登记的材料（原件、复印件2份）。

4. 股东会议决议。

5. 地籍调查材料、宗地图。

6. 企业（变更前、后）法人营业执照、法定代表人身份证、组织机构代码证、公司章程（原件、复印件2份）。

目前北京公司还没有实际操作房产土地的过户，该流程后续工作将继续完善。

二、酒店分立的税务处理

分立是不征税的业务活动，即契税、印花税、营业税、增值税、企业所得税、土地增值税均不征收。

【相关政策】

（一）不征收契税

《财政部、国家税务总局关于企事业单位改制重组契税政策的通知》（财税〔2012〕4号）规定：公司依照法律规定、合同约定分设为两个或两个以上与原公司投资主体相同的公司，对派生方、新设方承受原企业土地、房屋权属，免征契税。

（二）不征收印花税

《财政部、国家税务总局关于企业改制过程中有关印花税政策的通知》（财税〔2003〕183号）第二条规定："以合并或分立方式成立的新企业，其新启用的资金账簿记载的资金，凡原已贴花的部分可不再贴花，未贴花的部分和以后新增加的资金按规定贴花。"

（三）不征收营业税

《国家税务总局关于纳税人资产重组有关营业税问题的公告》（国家税务总局公告2011年第51号）规定：纳税人在资产重组过程中，通过合并、分立、出售、置换等方式，将全部或者部分实物资产以及与其相关联的债权、债务和劳动力一并转让给其他单位和个人的行为，不属于营业税征税范围，其中涉及的不动产、土地使用权转让，不征收营业税。

（四）不征收增值税

《国家税务总局关于纳税人资产重组有关增值税问题的公告》（国家税务总局公告2011年第13号）规定：纳税人在资产重组过程中，通过合并、分立、出售、置换等方式，将全部或者部分实物资产以及与其相关联的债权、负债和劳动力一并转让给其他单位和个人，不属于增值税的征税范围，其中涉及的货物转让，不征收增值税。

（五）不征收所得税

《财政部、国家税务总局关于企业重组业务企业所得税处理若干问题的通知》（财税〔2009〕59号）规定：企业分立，被分立企业所有股东按原持股比例取得分立企业的股权，分立企业和被分立企业均不改变原来的实质经营活动，且被分立企业股东在该企业分立发生时取得的股权支付金额不低于其交易支付总额的 85%，可以选择按以下规定处理：

1. 分立企业接受被分立企业资产和负债的计税基础，以被分立企业的原有计税基础确定。

2. 被分立企业已分立出去资产相应的所得税事项由分立企业承继。

3. 被分立企业未超过法定弥补期限的亏损额可按分立资产占全部资产的比例进行分配，由分立企业继续弥补。

（六）不征收土地增值税的依据

《土地增值税暂行条例》第二条规定，转让国有土地使用权、地上的建筑物及其附着物并取得收入的单位和个人，为土地增值税的纳税义务人，应当依照本条例缴纳增值税。

企业分立，不属于转让土地使用权、地上建筑物业务，所以不需要缴纳土地增值税。青岛市基于上述理解，也发文明确了"分立不征收土地增值税"。

《青岛市地方税务局房地产开发项目土地增值税清算有关业务问题问答》（青地税函〔2009〕47号）规定，房地产开发企业依照法律规定、合同约定分设为两个或两个以上的企业，对派生方、新设方承受原企业房地产的，不征收土地增值税。派生方、新设方转让房地产时，按照分立前原企业实际支付的土地价款和发生的开发成本、开发费用，按规定计入扣除计算征收土地增值税。

【操作程序】

1. 酒店分立，当地地税局向市局申请是否征收土增税的请示，市局批复为征收，经过与地税税政科相关领导的沟通，最终决定采用评估的方法实现零税款缴纳。由中介机构出具房地产估价报告，按照重置成本与历史成本的增值额征收土增税。评估值高于账面价值即可。经过评估和纳税认证，目前已经拿到土增税零税款的涉税证明。

2. 有关契税的免税处理：向地税局契税征管窗口递交相关资料，计税基础超过一亿元需报市地税局审批，根据市地税局的审批工作时间要求30个工作日内审批回复。在顾问公司的大力公关下，契税的免税批复已取得。

3. 营业税

《国家税务总局关于纳税人资产重组有关营业税问题的公告》规定：纳税

人在资产重组过程中，通过合并、分立、出售、置换等方式，将全部或者部分实物资产以及与其相关联的债权、债务和劳动力一并转让给其他单位和个人的行为，不属于营业税征收范围，其中涉及的不动产、土地使用权转让，不征收营业税。

附　录

财政部　国家税务总局关于促进企业重组有关企业所得税处理问题的通知
财税【2014】109号　2014.12.25

各省、自治区、直辖市、计划单列市财政厅（局）、国家税务局、地方税务局，新疆生产建设兵团财务局：

为贯彻落实《国务院关于进一步优化企业兼并重组市场环境的意见》（国发〔2014〕14号），根据《中华人民共和国企业所得税法》及其实施条例有关规定，现就企业重组有关企业所得税处理问题明确如下：

一、关于股权收购

将《财政部国家税务总局关于企业重组业务企业所得税处理若干问题的通知》（财税〔2009〕59号）第六条第（二）项中有关"股权收购，收购企业购买的股权不低于被收购企业全部股权的75%"规定调整为"股权收购，收购企业购买的股权不低于被收购企业全部股权的50%"。

二、关于资产收购

将财税〔2009〕59号文件第六条第（三）项中有关"资产收购，受让企业收购的资产不低于转让企业全部资产的75%"规定调整为"资产收购，受让企业收购的资产不低于转让企业全部资产的50%"。

三、关于股权、资产划转

对100%直接控制的居民企业之间，以及受同一或相同多家居民企业

100%直接控制的居民企业之间按账面净值划转股权或资产,凡具有合理商业目的、不以减少、免除或者推迟缴纳税款为主要目的,股权或资产划转后连续12个月内不改变被划转股权或资产原来实质性经营活动,且划出方企业和划入方企业均未在会计上确认损益的,可以选择按以下规定进行特殊性税务处理:

1、划出方企业和划入方企业均不确认所得。

2、划入方企业取得被划转股权或资产的计税基础,以被划转股权或资产的原账面净值确定。

3、划入方企业取得的被划转资产,应按其原账面净值计算折旧扣除。

四、本通知自2014年1月1日起执行。本通知发布前尚未处理的企业重组,符合本通知规定的可按本通知执行。

财政部　国家税务总局
2014年12月25日

财政部　国家税务总局关于非货币性资产投资企业所得税政策问题的通知
财税【2014】116号　2014.12.31

各省、自治区、直辖市、计划单列市财政厅(局)、国家税务局、地方税务局,新疆生产建设兵团财务局:

为贯彻落实《国务院关于进一步优化企业兼并重组市场环境的意见》(国发〔2014〕14号),根据《中华人民共和国企业所得税法》及其实施条例有关规定,现就非货币性资产投资涉及的企业所得税政策问题明确如下:

一、居民企业(以下简称企业)以非货币性资产对外投资确认的非货币性资产转让所得,可在不超过5年期限内,分期均匀计入相应年度的应纳税所得额,按规定计算缴纳企业所得税。

二、企业以非货币性资产对外投资,应对非货币性资产进行评估并按评估后的公允价值扣除计税基础后的余额,计算确认非货币性资产转让所得。

企业以非货币性资产对外投资,应于投资协议生效并办理股权登记手续时,确认非货币性资产转让收入的实现。

三、企业以非货币性资产对外投资而取得被投资企业的股权，应以非货币性资产的原计税成本为计税基础，加上每年确认的非货币性资产转让所得，逐年进行调整。

被投资企业取得非货币性资产的计税基础，应按非货币性资产的公允价值确定。

四、企业在对外投资5年内转让上述股权或投资收回的，应停止执行递延纳税政策，并就递延期内尚未确认的非货币性资产转让所得，在转让股权或投资收回当年的企业所得税年度汇算清缴时，一次性计算缴纳企业所得税；企业在计算股权转让所得时，可按本通知第三条第一款规定将股权的计税基础一次调整到位。

企业在对外投资5年内注销的，应停止执行递延纳税政策，并就递延期内尚未确认的非货币性资产转让所得，在注销当年的企业所得税年度汇算清缴时，一次性计算缴纳企业所得税。

五、本通知所称非货币性资产，是指现金、银行存款、应收账款、应收票据以及准备持有至到期的债券投资等货币性资产以外的资产。

本通知所称非货币性资产投资，限于以非货币性资产出资设立新的居民企业，或将非货币性资产注入现存的居民企业。

六、企业发生非货币性资产投资，符合《财政部 国家税务总局关于企业重组业务企业所得税处理若干问题的通知》（财税〔2009〕59号）等文件规定的特殊性税务处理条件的，也可选择按特殊性税务处理规定执行。

七、本通知自2014年1月1日起执行。本通知发布前尚未处理的非货币性资产投资，符合本通知规定的可按本通知执行。

财政部　国家税务总局
2014年12月31日

国家税务总局关于企业所得税应纳税所得额若干问题的公告
国家税务总局公告2014年29号　2014年05月23日

根据《中华人民共和国企业所得税法》及其实施条例（以下简称税法）的规定，

现将企业所得税应纳税所得额若干问题公告如下：

一、企业接收政府划入资产的企业所得税处理

（一）县级以上人民政府（包括政府有关部门，下同）将国有资产明确以股权投资方式投入企业，企业应作为国家资本金（包括资本公积）处理。该项资产如为非货币性资产，应按政府确定的接收价值确定计税基础。

（二）县级以上人民政府将国有资产无偿划入企业，凡指定专门用途并按《财政部国家税务总局关于专项用途财政性资金企业所得税处理问题的通知》（财税〔2011〕70号）规定进行管理的，企业可作为不征税收入进行企业所得税处理。其中，该项资产属于非货币性资产的，应按政府确定的接收价值计算不征税收入。

县级以上人民政府将国有资产无偿划入企业，属于上述（一）、（二）项以外情形的，应按政府确定的接收价值计入当期收入总额计算缴纳企业所得税。政府没有确定接收价值的，按资产的公允价值计算确定应税收入。

二、企业接收股东划入资产的企业所得税处理

（一）企业接收股东划入资产（包括股东赠予资产、上市公司在股权分置改革过程中接收原非流通股股东和新非流通股股东赠予的资产、股东放弃本企业的股权，下同），凡合同、协议约定作为资本金（包括资本公积）且在会计上已做实际处理的，不计入企业的收入总额，企业应按公允价值确定该项资产的计税基础。

（二）企业接收股东划入资产，凡作为收入处理的，应按公允价值计入收入总额，计算缴纳企业所得税，同时按公允价值确定该项资产的计税基础。

三、保险企业准备金支出的企业所得税处理

根据《财政部国家税务总局关于保险公司准备金支出企业所得税税前扣除有关政策问题的通知》（财税〔2012〕45号）有关规定，保险企业未到期责任准备金、寿险责任准备金、长期健康险责任准备金、已发生已报告未决赔款准备金和已发生未报告未决赔款准备金应按财政部下发的企业会计有关规定计算扣除。

保险企业在计算扣除上述各项准备金时，凡未执行财政部有关会计规定仍执行中国保险监督管理委员会有关监管规定的，应将两者之间的差额调整

当期应纳税所得额。

四、核电厂操纵员培养费的企业所得税处理

核力发电企业为培养核电厂操纵员发生的培养费用，可作为企业的发电成本在税前扣除。企业应将核电厂操纵员培养费与员工的职工教育经费严格区分，单独核算，员工实际发生的职工教育经费支出不得计入核电厂操纵员培养费直接扣除。

五、固定资产折旧的企业所得税处理

（一）企业固定资产会计折旧年限如果短于税法规定的最低折旧年限，其按会计折旧年限计提的折旧高于按税法规定的最低折旧年限计提的折旧部分，应调增当期应纳税所得额；企业固定资产会计折旧年限已期满且会计折旧已提足，但税法规定的最低折旧年限尚未到期且税收折旧尚未足额扣除，其未足额扣除的部分准予在剩余的税收折旧年限继续按规定扣除。？

（二）企业固定资产会计折旧年限如果长于税法规定的最低折旧年限，其折旧应按会计折旧年限计算扣除，税法另有规定除外。

（三）企业按会计规定提取的固定资产减值准备，不得税前扣除，其折旧仍按税法确定的固定资产计税基础计算扣除。

（四）企业按税法规定实行加速折旧的，其按加速折旧办法计算的折旧额可全额在税前扣除。

（五）石油天然气开采企业在计提油气资产折耗（折旧）时，由于会计与税法规定计算方法不同导致的折耗（折旧）差异，应按税法规定进行纳税调整。

六、施行时间

本公告适用于2013年度及以后年度企业所得税汇算清缴。

企业2013年度汇算清缴前接收政府或股东划入资产，尚未进行企业所得税处理的，可按本公告执行。对于手续不齐全、证据不清的，企业应在2014年12月31日前补充完善。企业凡在2014年12月31日前不能补充完善的，一律作为应税收入或计入收入总额进行企业所得税处理。

特此公告。

国家税务总局

2014年5月23日

参考文献

[1] 曲成科：《企业合并的所得税问题研究》，东北财经大学硕士学位论文，2010。

[2] 邓敏："企业合并税收筹划浅析"，载《财政监督》2011年第2期。

[3] 吴婧：《企业并购的所得税税收筹划研究》，西南财经大学硕士学位论文，2012。

[4] 李晶：《企业并购重组涉税问题及筹划研究》，厦门大学硕士学位论文，2013。

[5] 秦宁：《我国企业并购中的税收筹划问题研究》，青岛理工大学硕士学位论文，2010。

[6] 艾宇：《中国上市公司资产重组过程中的税收筹划》，北京邮电大学硕士学位论文，2012。

[7] 毛鑫："企业债务重组的税收筹划"，载《税收征纳》2011年第3期。

[8] 李彦铮：《我国上市公司并购重组中的税收筹划方法研究》，上海交通大学硕士学位论文，2013。

[9] 陈萍生：《资产与股权涉税处理》，中国税务出版社2011年版。

[10] 徐贺：《资本交易税务管理指南及案例剖析》，中国税务出版社2012年版。

[11] 高金平：《资产重组的会计与税务问题》，中国财政经济出版社2014年版。

[12] 张远堂：《资本之税——投资并购重组税收成本和节税策划》，法律出版社2013年版。

[13] 周雅芬："浅析股权收购业务特殊性税务处理——收购企业的计税基础"，载《时代金融》2013 年第 32 期。

[14] 郭春光："上市公司定向增发股权收购所得税如何筹划"，载《中国会计报》2013 年 11 月 15 日。

[15] 雷文汉、徐安君："特殊性税务处理：富龙热电重组分析"，载《中国税务报》2012 年 6 月 4 日。

[16] 孙蕾：《企业清算所得税法研究》，辽宁大学硕士学位论文，2013。

[17] 高金平："公司重组业务的会计及税务处理——资本结构调整中增资扩股、减资、股权转让、股票分割、缩股业务"，载《中国税务》2009 年第 12 期。

图书在版编目（CIP）数据

资本运营涉税处理与案例解析 / 蔡昌编著 . —北京：中国法制出版社，2014.11

ISBN 978-7-5093-5832-0

Ⅰ.①资⋯　Ⅱ.①蔡⋯　Ⅲ.①资本经营—税收管理　Ⅳ.① F270 ② F810.423

中国版本图书馆 CIP 数据核字（2014）第 256339 号

责任编辑：潘孝莉（editorwendy@126.com）　　　　　　　　　　封面设计：周黎明

资本运营涉税处理与案例解析
ZIBEN YUNYING SHESHUI CHULI YU ANLI JIEXI

编著 / 蔡昌

经销 / 新华书店

印刷 / 三河市紫恒印装有限公司

开本 / 710 毫米 × 1000 毫米　16　　　　印张 / 11.75　字数 / 172 千

版次 / 2015 年 3 月第 1 版　　　　　　　2015 年 3 月第 1 次印刷

中国法制出版社出版

书号 ISBN 978-7-5093-5832-0　　　　　　　　定价：42.00 元

北京西单横二条 2 号　邮政编码 100031　　　　值班电话：010-66026508

网址：http://www.zgfzs.com　　　　　　　　传真：010-66031119

市场营销部电话：010-66033393　　　　　　　编辑部电话：010-66022958

　　　　　　　　　　　　　　　　　　　　　邮购部电话：010-66033288

（如有印装质量问题，请与本社编务印务管理部联系调换。电话：010-66032926）